슬기로운 인간생활

슬기로운 인간생활

발행일	2023년 1월 7일

지은이	천영선		
펴낸이	손형국		
펴낸곳	(주)북랩		
편집인	선일영	편집	정두철, 배진용, 김현아, 류휘석, 김가람
디자인	이현수, 김민하, 김영주, 안유경, 최성경	제작	박기성, 황동현, 구성우, 권태련
마케팅	김회란, 박진관		
출판등록	2004. 12. 1(제2012-000051호)		
주소	서울특별시 금천구 가산디지털 1로 168, 우림라이온스밸리 B동 B113~114호, C동 B101호		
홈페이지	www.book.co.kr		
전화번호	(02)2026-5777	팩스	(02)3159-9637

ISBN	979-11-6836-631-2 03190 (종이책)	979-11-6836-632-9 05190 (전자책)

(주)북랩 좋은책, 성공출판의 파트너

블로그 blog.naver.com/essaybook • 출판문의 book@book.co.kr

슬기로운 인간생활

천영선 지음

북랩

내 삶의 목적 선언서

내 삶의 목적은 날카로운 관찰력과 통찰력, 용기와 도전정신, 지식과 즐거움을 공유할 때 느끼는 희열 등을 이용하여 글쓰기, 강의, 봉사활동, 내 몸 가꾸기, 사랑하는 사람들에게 행복을 느끼도록 하는 행위를 함으로써 모든 사람이 창조적이고, 기쁨을 누리는 삶을 살 수 있도록 지원해주고 행복 공동체 세상을 구현하는 것이다.

내 가족, 친구들과 이 글을 읽는 모든 분에게
이건 편지고 기도입니다.

삶에 아무런 문제의식 없이,
세상에 만연한 온갖 고통과 인간 존재의 유한함을 의식하지 않고 세계가 왜 이런 식으로 존재하는지?
우리 인간은 왜 살고, 어떻게 살아야 하는지? 이유를 묻지 않고 삶에 대해 진지한 고민 없이 그저 나 자신의 삶을 살면 되는 나는 행복한 사람입니다.
모두들 찾아서 헤매지만 얻지 못하는 걸 난 가졌습니다.

슬기로운 인간생활

하지만 숙명적으로 내게 주어진 단 하나의 삶의 미션. 가진 것은 없어도 부자고 살아 있는 것만으로도 충분히 가치 있고 행복한 삶. 스스로 배우고 길을 닦아야만 하는 삶.

내 기도는 세상의 모든 이가 이런 삶의 본질과 가치를 알고 그것으로 치유되는 것은 물론 진정으로 행복한 삶을 사는 것입니다.

내 기도가 이뤄진다면 후회가 사라지고 분노와 두려움 등으로 인한 방황이 끝날 겁니다.

삶에 대한 방황
삶에 대한 고뇌
삶에 대한 괴로움
삶에 대한 고통으로
힘들어하는 모든 이에게

한줄기 삶에 대한 희망의 빛이 되었으면 하는 바람으로 이 책을 바칩니다.

왜 우리는 행복하기 위해 선택한 것들로 인해 고통받는가?

시대가 바뀌어도 사는 곳이 바뀌어도 모든 사람은 누구나 행복을 꿈꾼다. 나 역시도 마찬가지고 주변의 아는 사람들은 하나같이 행복한 삶을 희망하고 간절히 원한다. 하지만 인생을 살아가는 데 있어 행복이 무엇인지 물어보거나 행복을 위해 어떤 노력을 하고 있는지 물으면 쉽사리 대답하지 못한다.

나도 마찬가지로 행복이란 것에 깊은 관심을 갖고 꾸준히 연구하고 행복에 관한 몇 권의 책까지 썼지만 이 책을 쓰기 전까지는 여전히 그 해답을 명쾌하게 답하지 못하였다. 우리는 그저 세상 사람들 대부분이 말하는 경제적 부와 명예, 좋은 직장 등 행복의 조건 안에 갇혀 지내곤 한다. 그런데 부와 명예가 없음에도 불구하고 행복하기만 한 순간들과 그것들이 충족되었음에도 여전히 고통과 괴로움 속에서 살아가는 자신을 발견하는 순간, 자신이 꿈꾸던 행복이 과연 이것이었던가? 하는 의구심이 생기면서 인생이 꽉 막힌 듯 답답해지고, 이상과 현실 사이에서 방황하다가 결국 "그래 인생이란 다 그런 거야, 우리의 삶 자체가 곧 고통이야." 하며 스스로 위안 삼았던 경험을 누구나 한 번쯤은 해보았을 것이다.

우리는 좀 더 행복하기 위해서 학교를 다니고, 좀 더 행복하기 위해서 직장을 다니거나 사업을 하고, 좀 더 행복하기 위해서 결혼을 하고, 좀 더 행복하기 위해서 자식을 낳고, 좀 더 행복하기 위해 미래를 꿈꾸지만, 학교 다니기가 괴롭고, 직장생활과 사업으로 고통스러워하고, 결혼생활로 힘들어 하고, 자식으로 인해 걱정과 불안속에 하루하루를 살고, 미래의 꿈으로 인해 방황과 혼란속에 힘겨운 삶을 살아가곤 한다.

평생 좀 더 행복하기 위해서 끊임없이 뭔가를 시도하며 살다가, 제대로 행복의 맛도 보지 못하고 고통과 괴로움 속에 늙어 죽는 게 우리의 인생이다.

그렇기 때문에 어느 순간을 시작으로 시시때때로 우리는 '도대체 인간의 운명이 무엇이란 말인가?' '인간은 무엇으로 사는가?' '왜 살아야 하는가?' '어떻게 살아야 할까?' 의문을 끊임없이 자신에게 던지며, 계속 쫓기는 삶, 치이는 삶에서 벗어나, 괴로움과 고통이 없는 자유롭고 더 나은 행복한 삶을 찾고자 몸부림치며 방황하게 된다.

이 책은 이러한 경험을 했거나 지금 그러한 경험을 하고 있으면서도 여전히 인생이 무엇인지 혼란스럽고 행복한 삶을 꿈꾸고 원하는 모든 이에게 인생의 본질을 깨닫게 함으로써 더 이상 인생을 낭비하지 않고 행복한 삶을 살 수 있도록 이끌어 주기 위해서 집필하였다.

물론 꿈과 희망, 삶의 용기를 북돋워 주는 책, 성공적인 삶과 행복한 삶을 도와주는 책들은 이미 서점 어디를 가도 손쉽게 접할 수 있다.

현대를 살아가는 우리는 하루하루 바쁘고 정신없이 살아간다. 그래서 기존의 서적들과 달리, 이 책은 바쁘게 살아갈 수밖에 없는 이들에게 삶의 본질에 대한 명쾌한 방안들을 제시하여 꽉 막힌 듯 답답하고 괴로운 일상의 삶 속에서 행복의 길을 깨닫고 행복한 삶을 살아가도록 해주는 행복한 삶의 바이블 같은 책이다.

저자는 태어나기 전보다 세상이 조금이라도 더 행복해지는 데 일조하며, 단 한 사람의 인생이라도 더 여유 있고 행복해지도록 하는 것을 사명으로 삼고 이를 실천해 나가고 있다. 벤처기업을 시작으로 신세계, 한진, 현대, 유진그룹 등에서 근무하면서 여러 가지 경험과 숱한 사람들을 만나면서 어디서나 공통적으로 느낀 점은 "삶을 살아가는 길과 삶의 방식은 다를지라도 정도의 차이는 있지만 결국 모든 사람은 그 누구를 막론하고 삶에 대한 고통과 괴로움으로 힘들어한다."라는 것이다.

그러한 모든 것들을 유심히 살펴보면서 "왜 살아야 하는가?" "어떻게 살아야 하는가?"를 고민하면서 사람들이 힘들게 살 수밖에 없는 근본적이고 구조적인 문제들을 규명하고 행복한 삶을 살아갈 수 있는 현실적이면서도 최적의 방안들을 찾아보았다.

본인도 또한 사회적으로 큰 업적을 이뤄 존경받는다거나 한 분야에서 독보적 권위를 인정받는 전문가도 아니며 가난과 역경을 이기고 자수성가해 성공신화를 창조한 입지전적 인물도 아니다. 지금 이 글을 읽고 있는 여러분과 조금도 다르지 않은 평범한 직장인이며 똑같은 경험과 고민을 안고 살아가는 소시민이라는 점 덕분에 현실과의 괴리감과 불안감 없이 이 책을 끝까지 관심을 가지고 읽어 나갈 수 있으리라 믿는다. 다시 말해 이 책은 선택받은 일부가 아니라 이 시대를 살아가는 평범한 사람 다수의 입장에서 이해와 공감을 바탕으로 행복한 삶을 위해 어떻게 사는 것이 좋은지 함께 생각해 보고 최적의 방법을 제시해보고자 하는 마음에서 출발했다.

이에 본 책이 평범한 대다수 사람의 가슴속 깊은 곳에 자리 잡고 있던 삶의 의문점이 명쾌하게 풀릴 수 있도록 행복한 삶을 위한 올바른 방법과 방향 제시를 위한 바이블로서 모든 이들이 건전하고 행복한 삶을 이루어 가는 데 일조하기를 간절히 희망한다.

이 책을 쓴다는 것은 내 인생을 통틀어 가장 특별한 문학적·지적 모험이자 행운이었다.

부디 이 책을 읽는 모든 분이 삶의 고통으로부터 자유로워지는 것은 물론, 진정한 행복을 찾아 살아가길 진심으로 바란다.

목차

내 삶의 목적 선언서   04

프롤로그 왜 우리는 행복하기 위해 선택한 것들로 인해 고통받는가?   06

--- PART 1 ---

인간의 운명이 무엇인가?

1. 인간이란 어떤 존재인가?   18
우주와 자연의 일부로서의 인간이라는 종(種)   18
이기적 유전자의 조합   23
인간은 사회적 존재다   24

2. 인간의 삶이란 무엇인가   27
수레바퀴와 같이 돌고 돈다   27
헛된 꿈과 욕망을 좇는다   29
의식과 무의식 속에 살아간다   31
인간은 행복을 추구한다   34
모순과 혼돈 속에서 몸부림친다   37

3. 인간의 운명은 존재하는가   41
과연 인간의 운명은 존재하는 걸까   41

4. 인간의 운명은 무엇인가   45
주어진 본성에 기인하여 살아가는 것이다   45

거대한 목적을 이루기 위해 작은 목표들을 성취해 나가는 과정과도 같다   48

결핍을 채우기 위해 노력하는 과정이다   49

삶은 고통을 참고 견디는 시험의 연속적 과정이다   51

삶은 잠시 위탁받은 것이다   54

삶이란 잠시 왔다 사라져 가는 것이다.   55

5. 운명은 바뀔 수 없는 것인가   59

운명(運命)은 바뀔 수도 있고 절대적일 수도 있다   59

몸부림쳐도 바뀌지 않는 절대적인 운명(常數)   61

개인의 자유의지와 노력에 따라 바뀌는 운명(變數)   62

PART 2

인간은 무엇으로 사는가?

1. 사랑   68

에로스(Eros) 사랑   69

스토르게(Storge) 사랑   70

필리아(Philia) 사랑   72

파토스(Pathos) 사랑   74

아가페(Agape) 사랑   75

2. 미래 운명에 대한 무지(無知)   77

미래의 운명을 알 수가 없다   77

한 치 앞을 모르는 게 인간의 운명이다   78

희망을 품고 살아간다   80

3. 우주와 자연의 무한한 은혜   82

삶에 필요한 모든 것은 우주와 자연에 있다   82

우주의 섭리에 순응하며 살아간다   85

PART 3

인간은 왜 사는가?

1. **행복은 삶의 목적이 아니다**   90
   우리는 왜 계속 살아야 합니까?   90

2. **생존**   97
   밥은 먹고 사냐?   97
   왜 사느냐고 묻는다면? 그저 웃지요   98
   삶은 기적이다   100

3. **번식**   103
   종족번식을 위한 본능적 행위   103
   우열한 인자를 남기기 위한 본능적 행위   105

4. **행복은 삶의 수단이다**   107
   행복해서 웃는 게 아니라 웃어서 행복한 것이다   107

PART 4

어떻게 살아야 하는가?

1. **깨달음**   112
   너 자신을 알라   112
   삶에 정답은 없다   114
   나는 지금 어디에 있는가? 인식으로부터   117
   자연에 순응하며 본능에 충실하게 살면 그뿐이다   118
   너무 잘하려 굳이 애쓰지 말고 너무 의미를 부여하려 하지도 말라   120
   지금 이대로 좋다   122

내가 내 인생의 주인이 되어 자유롭고 행복하게 살자   124

평범하게 사는 삶도 쉽지 않다   129

모든 것이 헛되고 헛되다   130

2. 받아들임   138

세상은 내 바람대로 평화롭게 흘러가지 않는다   138

살아 있음에 행복하라   140

아픈 만큼 성숙해진다   142

매사에 감사하라   144

3. 내려놓음   146

무엇을 위해 이렇게까지 하는 것일까?   146

단순하고 소박한 삶   148

삼무(三無: 無執着, 無我執, 無我)   149

4. 끌어당김   153

구하라 그럼 얻을 것이다   153

궁하면 통한다   154

소원을 끌어당기는 3가지 법칙   156

5. 모든 것은 나에게 달려 있다   160

아직도 성공과 행복을 믿나요?   160

성공해서 행복한 삶이 아니라 행복하면 성공한 삶이다   164

성공이 아닌 성장이 중요하다   167

믿음, 소망, 사랑 그중의 제일은 사랑이다   169

결국, 언제 어디서나 삶의 문제의 정답은 태도로 귀결된다   174

일체유심조(一切唯心造)   176

6. 삶을 행복하게 해주는 다섯 가지 진리   180

죽음을 기억하라(Memento Mori)   180

현재를 즐겨라(Carfe Diem)   182

나와 내 인생을 사랑하라(Amor Fati)   187

자생력을 만들 수 있는 밑거름을 만들어라   192

머리엔 현실을, 가슴엔 이상을, 발은 오늘이라는 땅에…   195

길을 잃고 방황할 때 인생 위기관리 매뉴얼

위험에 처했을 때 202

외롭거나 두려움에 처했을 때 206

삶에 대한 확신이 필요한 때 210

평안과 휴식이 필요한 때 213

근심과 걱정이 있을 때 218

슬픔에 잠겨 있을 때 220

사람에 대한 실망감으로 가슴 아플 때 224

돈이 없어 힘들다고 느낄 때 229

내가 한 일에 낙심하여 풀이 죽거나 의기소침해질 때 232

화가 나고 분노가 느껴질 때 234

힘들고 지칠 때 237

에필로그 이제는 삶과 행복의 의미를 다시 깨달아가고 있습니다 240

PART 1.

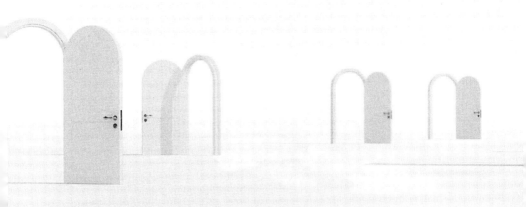

인간의 운명이 무엇인가?

1. 인간이란 어떤 존재인가?

우주와 자연의 일부로서의
인간이라는 종(種)

오늘날 많은 사람은 자신이 속한 종(種)이 자기 운명의 주인이 될수 있다고 생각하는데, 사실 이것은 신념이지 과학이라 볼 수는 없다. 우리는 고래나 사자가 스스로를 그들 운명의 주인이라 생각하지 않고 단지 주어진 삶을 살아가는 것일 뿐이라는 것을 잘 알고있다. 그런데 왜 인간만은 자기 운명의 주인으로 살아간다고 생각하는 것일까? 우리 인간의 삶을 조금만 유심히 관찰해 보면 다른동물들이나 우리 인간은 사실 우주와 자연의 일부로서 특별히 다르지 않다는 것을 발견할 수 있다. 즉, 모든 생물 종은 우주와 자연의 일부로서 살아갈 뿐 자기 운명을 스스로 통제할 수는 없다. 어떤 진실이 진실이 아니라 믿거나 진실이 아니기를 바란다고 해서

슬기로운 인간생활

그 진실은 바뀌지 않는다.

세상의 중심이자 스스로를 신처럼 생각하는 인간은 단순히 무수한 생물체 중의 하나일 뿐만 아니라, 개개인으로서 인간은 연약하고도 보잘것없는 생물체라 할 수 있다. 인간들 스스로 주인이라고 생각하는 이 지구도 사실은 하나의 진흙덩어리에 불과하며, 인간의 존속 또한 영원 앞에서는 찰나에 불과하다. 다양한 생명이 어우러진 자연 세상은 때론 경이롭게, 때론 겸손하게 무한한 위안을 준다. 삶을 살아가는 시간이 지나고 자연을 조금이라도 가까이하면서 느끼게 되는 것은 우리 인간도 우주의 수많은 점 중에 한 각도일 뿐이라는 것이다. 우리 인간이 다른 어떤 종들보다 우월하다는 객관적인 근거는 아무것도 없다. 침팬지, 도마뱀 등 많은 종도 대략 30억 년이 넘는 긴 시간 동안 자연 선택이라는 과정을 거치면서 진화해 왔다.

공룡은 실물을 알 수 없는 생명체 가운데 인간과 가장 친근한 존재다. 만화나 영화, 책을 통해 쉽게 접할 수 있어서인지 마치 가까운 곳에 실재하는 것처럼 느껴질 정도다. 공룡은 중생대 트라이아스기 말에 시작해 백악기 말까지 살았던 것으로 알려져 있으며, 약 6천 5백만 년 전까지 생존했다는 게 오늘날 학자들의 추정이다. 공룡을 비롯하여 당시에 존재하던 많은 생물 종 중 약 75%가 갑자기 사라진 원인이 무엇인지는 아직까지도 가장 논쟁적인 미스터리로 남아 있지만 소행성 충돌, 화산 폭발, 전염병 등 매우 다양한 설들이 있다. 요즘에도 많은 생물이 사라지고 있으며 우리 인간도 예외일 수는 없을 것이다.

　우리 인간이 만드는 세상도 아름답지만, 저절로, 자연히 만들어지는 세상은 더욱 아름답다. 사람은 자기 안에 있는 게 보인다. 그러므로 자기가 좋아하는 것만 보이고 자기가 믿는 것만 보이는 것이다. 우리 인간은 본질적으로 하나로 호흡하는 생명 세계 속의 한 개체로서 존재한다. 인간은 물론 살아 있는 모든 생명체는 자연 일부로 생사의 반복을 거듭한다는 사실과 각각의 삶은 오래도록 두려움과 공포의 대상이었던 수많은 온갖 고통과 죽음을 겪어야 한다.

　우리는 모두 개개인으로서의 인간은 반드시 죽는다는 사실을 안다. 하지만 개개인이 죽는다고 해도 우리 인간은 우주와 자연 일부로서의 종(種)으로 계속 존재한다는 사실 또한 알고 있다. 어느 한 사람의 개인이 죽으면, 그 가족이나 사회적 존재로서 존재하고, 그 가족이나 사회적 존재 중 한 명이 죽으면, 어느 한 개인의 삶 속에서 계속 살아간다. 결국 미래 세대 속에서 계속 살아가고 우리는 서로에게서 영원히 다시 태어난다. 또한 우주와 자연이 존재하는 한 우리 역시 영원히 존재한다. 예를 들어보자. 주위의 식물이나 동물들을 볼 때 특별히 의미를 두지 않는다면 우리는 어느 개개의 식물이든 동물이 태어나고 죽는다고 해서 결코 사라진다고 인식하지 않는다. 왜냐하면 그것들 또한 우주와 자연의 일부인 종(種)으로서 존재하기 때문이다. 우리 인간 개개인의 몸을 볼 때 모든 신체 일부는 곧 인간 개체로 하나이다. 이처럼 모든 인간과 모든 생명체는 곧 우주와 자연 속에서 본다면 하나의 생명 세계 속의 한 개체이다. 우리 인간의 삶은 다시 말해 자연 속 하나의 생명체인 우리 인간은 왜 여기에 존재하는가? 라든가 우리는 무엇을 위해 고통을 겪으며 살아가야 하는가? 라는 질문에 대한 명확한 해답을 제시할 수 없다. 그럴 수밖에 없는 이유가 바로 자연에 어떤 궁극적인 목표가 존재하는지 알 수가 없기 때문이다. 다시 말해 인간은 자연의 일부 개체에 지나지 않기 때문에 자연의 궁극적 목표를 발견하지 못한다면 인간 존재의 이유와 목적을 알 수 없는 것이다.

세상에는 아무런 가치가 존재하지 않는다. 만약 가치라는 것이 존재한다면 사물과 생명체 간의 어떤 질적 격차가 존재한다면, 좋음과 나쁨, 선과 악이 존재한다면 이 모든 것들은 어떤 식으로든 세상 바깥에서 비롯돼야만 한다. 단지 세상 안에서는 모든 것이 존재하는 대로 존재하고 모든 일이 일어나는 대로 일어난다. 따라서 우리 인간을 포함하여 우리가 살아가는 세상 '안'에서는 어떤 가치도 존재하지 않는다. 설령 존재한다고 할지라도 그 어떤 가치도 지니고 있지 않을 것이다. 세상 안의 모든 사건과 모든 존재는 우연적인 필연의 결과이기 때문이다. 사실 우리 인간이 살아가는 이 세상은 아름답지도 무정하지도 합리적이지도 비합리적이지도 않다. 그저 존재할 뿐이다. 우리 인간의 삶도 마찬가지로 그저 살아가는 것일 뿐이다. 생태계의 모든 것은 연결되어 있고 순환되고 있다.

우리 인간은 삶의 의미를 갈구하도록, 무엇이든 이해하기를 갈구하도록 구성된 존재이다. 하지만 거대한 우주와 자연은 우리에게 아무런 대꾸를 하지 않는다. 우리는 우리가 왜 여기 인간으로 존재하는지, 우리의 존재와 고난과 분투가 어떤 의미를 지니는지 이해하기를 간절히 원하고 또 원하지만 아무리 답을 찾으려고 노력하더라도 세상은 어떤 실마리도 제공하지 않으며 입을 열지도 않는다. 설령 세상 어딘가에 우리가 간절히 원하는 삶의 의미가 존재한다고 해도 우리 인간이 그 의미를 이해하는 것은 불가능하다. 그저 우리는 인간이라는 종으로 이 세상에 태어나 이 세상이 세상을 초월하는 어떤 의미를 지니는지 알지 못하고 거대한 생태계 일부로서 존재할 뿐이다. 우주와 자연이 우리 인간에게 "너희 인간이 알아서 뭐 하게?" 라고 묻는다면 우리는 뭐라고 이야기해야 할까? 세상은 인간과 달리 특정한 존재 상태를 선호하지 않고 인정하지도 않는다는 점에서 인간과 달리 누가 살고 누가 죽는지, 고통이 있는지 행복이 있는지 전혀 신경 쓰지 않으며 결국 선이 이기는지 악이 이기는지 신경 쓰지 않는다. 우리 인간의 생각으로 비합리적이고 받아들이기 힘들지만 분명한 건 세상에는 우리가 생각하는 (아니면 우리 인간이 알 수 있는) 그런 방향이나 목적이 없다. 또한 확실성도 없어 무슨 일이 언제 어디서든 일어날 수 있다. 세상에는 선도 악도 없다. 특별하게 가치 있는 것도 없다. 삶을 멈추면 비로소 우리 자신이 보인다고 우리 삶에도 안식년이 필요하다. 바쁜 일상을 멈추고 나중으로 미뤄둔 나의 삶을 살아보라. 삶의 중심을 우주와 자연으로 옮겨보라 그러면 우리 인간의 삶과 행복이 무엇인지, 어떻게 살아야 좋은지 깨닫게 될 것이다.

이기적 유전자의 조합

　모든 생명체가 선천적 유전과 후천적 환경에 따라 살아가듯이 인간도 마찬가지다. 우리는 다양한 욕구와 욕망에 따라 모든 행동을 수행하고자 하는 존재이다. 수많은 욕구와 충동은 생존을 위해 필요한 것들로 배고픔, 목마름과 욕정, 두려움과 희망, 애착과 싫증, 사랑과 혐오, 고통을 피하고 쾌락을 얻고자 하는 욕망, 마지막으로 가능한 한 오래 생명을 유지하고 죽음을 연기함으로써 지속해서 존재하고자 하는 순수한 욕망이 있다. 이 다양한 생존의 욕구가 우리 존재의 핵심이며, 우리 인간의 유전자는 우리의 생존을 최상으로 하기 위한 유전자들로 구성되어 있다. 우리는 인간의 진정한 본성에 관한 이런 지식을 사용해 다른 모든 생물체의 진정한 본성 역시 인간과 마찬가지로 생존을 위한 것이라고 유추할 수 있을 것이다. 우리가 살고 이 세상에 벌어지는 모든 일은 어떤 종합적인 계획이나 합리적인 구상이 반영되었거나, 실현되어 있지 않다. 그냥 핵심적 본질은 맹목적이고 강력하지만 자연스럽게 우둔하고 목적도 없는 생존을 위한 분투가 이루어지고 있다. 계속해서 존재하는 것 외에는 무엇을 바라는지도 모르는 체 그냥 이기적 유전자에 의한 본능적 행위만을 행하고 있을 뿐이다. 모든 생명체의 몸은 지금까지 생존해 온 유전자들이 유전자 자체를 보존하고 유지하려는 목적으로 유전자의 조합에 의해 프로그래밍이 된 것이다. 지금까지 생존을 유지한 유전자는 과거부터 그 종이 생존해왔던 환경의 평균적 특징이 되는 조건들 속에서 살아왔다. 따라서 생명체가 무엇을 결정할 때는 과거의 '경험'에 근거하게 된다. 만약 조건이 급변하면 생명체는 잘못된 결정을 내릴 가능성이 커지고 그 유전자는 그 선택에 대한 책임을 지게 될 것이다. 그래서 모든 생명체는 변화를 싫어하는 본능을 가지고 있다.

우리 존재의 본질은 내면에 있는 정신이다. 하지만 정신은 결국 소멸하고 말 몸에 부착되어 있기 때문에 몸이 소멸할 때 정신도 함께 사라지고 만다. 사실상 우리 인간의 몸은 너무나도 허약하고 쉽게 망가지며 오래도록 살지 못하기 때문에 '정신에게 있어서는 엄청난 골칫거리'라고 할 수 있다. 살면서 우리는 정신이 몸을 지배한다고 여기지만 실제로 우리 정신은 몸의 처분을 즉, 몸을 빌려 현재에 이르고 있는 이기적 유전자의 선택을 따를 수밖에 없으며 이는 우리 인간을 꽤나 고통으로 이끄는 요인이 된다. 결국 우리 몸과 정신은 상호 필요충분조건의 구조에서 보완적 작용을 한다. 또한 이러한 한계를 극복하기 위해서 '번식'이라는 방법을 통해 유전자가 계속해서 유지되도록 한다.

인간은 사회적 존재다

인간이란 존재는 약하고 불안정하며, 너무나도 많은 조건에 의

존해 있기에 사소한 자연의 변화나 타 생물체로부터 위기에 직면할 수 있다. 또한 혼자 생활하는 것보다 집단을 이루며 사는 것이 생존과 번식에 훨씬 유리하다. 그러므로 인간은 혼자서 살지 못하고 타인에게 의지하며 살아가는 사회적 존재로서 살아가는 것이다. 사회라는 울타리 속에서 태어나고, 인간적인 삶을 유지하고, 인간의 원초적이며 궁극적으로 원하는 행복을 추구하게 된다. 꿀벌이나 말벌, 개미와 같은 곤충을 잘 관찰해보면 고도의 사회성을 쉽게 이해할 수 있다.

놀이터에서 친구들과 공놀이나 하며 빈둥대는 소위 '놈팡이'들이 외톨이 사상가들보다는 훨씬 행복하다. 인생이라는 게임, 사회적 존재로서 한발 물러난 채 고립 속에서 퇴화해 가는 사람들 말이다. 사회적 존재로서 살아갈 때 우리의 삶은 한층 충만해지고 의미심장해진다. 인간이 삶의 의미를 찾으려면 자아보다 더 크고 수명보다 오래가는 목적을 가져야 한다. 왜냐하면 한 존재는 그를 포함하는 더 큰 총체와의 관계에서만 의미를 지닐 수 있기 때문이다. 인간은 한 실체의 일부가 되어 물질적, 정신적으로 기여할 때 더욱 큰 존재감을 느낀다. 자신이 집단에 소속되기에는 너무 우월하다고, 결혼하거나 아이를 갖기에는 너무 똑똑하다고 생각하는 사람은 인생을 공허하게 느끼게 되며 인생이란 것이 과연 의미가 있는지 의심하게 된다. 하지만 자식을 둔 부모에게 "삶의 의미가 무엇일까요?"라고 묻는다면 백이면 백 모든 부모는 "가족을 먹여 살리는 거지요"라고 한마디로 대답할 것이다. 이성 간의 이끌림은 생물학적 작용만을 놓고 본다면 환상이자 덧없는 욕구일 수 있지만, 이젠 성취감에 이르는 길이자 생명의 연속성에 기꺼이 항복하는 겸허함과 사회에 기여함을 의미하게 된다. 이렇듯 삶의 의미는 우리가 더욱 더 큰 존재를 위해 생산하고 기여할 수 있도록 부여받은 기회 속에 있다. 그것이 꼭 가족일 필요는 없다. 가족은 말하자면 자연이 특유의 눈먼 지혜로써 가장 소박한 이에게도 마련해준 보편적인 길이지만 개인의 잠재된 존엄성을 이끌어 내고 그가 죽은 뒤에도 사라지지 않을 대의를 부여해 주는 것이라면 어떤 총체든 상관이 없다. 그것은 가족을 넘어서 누구나 헌신할 수 있는 혁명적 집단일 수도, 사회, 국가, 세계일 수도 있다. 굳이 삶의 의미를 찾아내려 한다면 그것은 개인이 자신을 초월하여 더욱 큰 설계의 조화로운 일부가 될 수 있는 존재여야 하며 그 대가로 그의 삶을 한층 충만하게 만들어 주는 것이어야 한다. 우리 인간은 사회적 존재이기 때문에 태어나서 죽을 때까지 관계를 이루며 살아간다. 소수로 구성된 가정과 같은 작은 집단 속에서뿐만 아니라 국가나 민족, 세계와 같은 큰 집단 속에서 끊임없이 사람들과 마주하며 살아가고 있다. 그렇기 때문에 우리의 삶은 갈등의 연속이고, 이러한 갈등으로 인해 우리의 삶이 피곤하고 힘든 것이다.

2. 인간의 삶이란 무엇인가

수레바퀴와 같이 돌고 돈다

　삶의 형태는 비록 달라졌을지라도, 오늘날에 이르러서도 우리 인간의 본성과 행동 즉 '삶의 본질'은 변한 것이 없다. 우리의 인생은 부단히 앞으로 움직이는 강과 같다. 소용돌이도 있고 역류도 있겠지만, 강줄기 자체는 끊임없이 나아가는 것이다. 인생은 역행할 수 없다. 우리 인간의 삶도 마찬가지이다. 우리는 자신이 살아가는 우주, 어느 정해진 운명을 향해 나아가는 우주의 필수적이고 필연적인 일부분이다. 비록 인간의 생명이 우연의 산물이자 지구생명체 일부라 할지라도 인간의 생명과 삶은 무의미한 것이 아니다. 원시인에서 현대인에 이르기까지 인간의 문명은 자연에 적응하여 생존하기 위해 찾아낸 조잡한 수단이자 의무를 수행하고 삶에 따르는 장애물을 극복하기 위한 하나의 방식일 뿐이다. 문명은 인간의 생존 투쟁이라는 동일한 목적을 그야말로 훨씬 빠르고 효율적으로 이루어 준다. 인간은 진보를 거듭하며 생활 방식을 바꾼 만큼 사상과 습관, 어쩌면 자신의 형태마저 변화시켜가고 있다. 그러니 우리가 향해 가고 있는 머나먼 미래에도 여전히 그럴 것이다. 우리 인간의 삶은 생로병사, 흥망성쇠, 희로애락이라는 운명 속에서 수레바퀴와 같이 돌고 돈다.

첫째, 인간은 누구나 특별한 사건·사고가 일어나지 않은 이상 예외 없이 반드시 태어나서 늙고 병들어 죽는 '생로병사'의 과정을 거친다. 그러니 생이 마치 영원한 것처럼 살지 말고 살아 있을 때 행복하기 위해 힘써야 한다. 둘째, 인간은 '흥망성쇠'의 과정을 끊임없이 반복한다. 그러니 흥한다고 흥청망청 쓰지 말고, 망했다고 좌절하지 말아야 한다. 성공했다고 해서 자만하거나 교만하지도 말고, 쇠퇴했다고 해서 자포자기해서도 안된다. 셋째, 우리 인간의 삶은 '희로애락'을 거듭하면서 나아간다. 아침이 밝았다고 놀라거나 저녁이 되어 어두워졌다고 놀랄 사람은 아무도 없을 것이다. 마찬가지로 우리 일상에서 일어나는 희로애락을 느끼며 놀라지 말고 담담하게 받아들여야 한다. 우리의 눈 앞에 펼쳐지는 모든 일이 봄이 오고 가면 여름이 오고, 가을이 오고 가면 겨울이 오는 것처럼 지극히 일반적이고 예측할 수 있는 것들이다. 이것은 생로병사, 흥망성쇠, 희로애락의 모든 것에도 같게 적용되는 사실이다. 그러므로 우리는 현재 자신의 위치를 겸허하게 받아들이고, 현재의 순간에서 긍정적인 사고로 운명에 순응하며 낙천적으로 살면서 자기 행복을 극대화하기 위한 삶을 살아가는 것만이 최상의 삶을 유지하는 지름길이다.

헛된 꿈과 욕망을 좇는다

고양이 환장 아이템으로 알려진 레이저 포인터는 빨간 불빛을 뿜으며 고양이를 이리저리 뛰게 만드는 마법의 묘성템이기도 하다. 이렇듯 고양이가 레이저 포인터의 불빛에 환장하는 이유는 무엇일까? 왜 고양이는 그 빨간 불빛을 잡으려 그토록 안달일까? 사실 레이저의 '빨간 불빛'은 그 자체로 고양이를 환장하게 만드는 요소는 아니다. 색이나 불빛에 반응하는 것이 아닌 무엇인가 나타났다가 사라지고 다시 나타났다가 빠르게 움직이는 모습은 바로 고양이의 '사냥 본능'을 자극하는 것이다. 우리 인간은 고양이가 불빛에 반응하는 것과 같이 헛된 꿈과 욕망을 쫓아다니며 행복을 추구하는데 이것도 고양이의 '사냥 본능'과 같이 본질적으로 '생존 본능'에서 기인한 것이다.

인생이란 것은 단순하게 말하면 먹고사는 것이다. 사실 우리 인간은 먹고살기 위해 그토록 아등바등하는 것이다.

동물들은 배(욕구)를 채우면 행복하고 번식 활동을 하면 그만인데, 오로지 인간만이 배불리 먹는 데서 끝나지 않고 헛된 욕망과 탐욕을 채우기 위해 그렇게 몸부림치는 것이다. 그런데도 이러한 인간의 헛된 꿈과 욕망은 인간의 생존 활동에 꼭 필요한 미덕으로 작용하기 때문에 인간의 헛된 꿈과 탐욕은 생물학적으로나 역사적으로나 너무도 튼튼하고 깊게 뿌리를 내리고 있어 한 세대, 심지어 한 세기를 들여도 뽑아내기 어려울 것이다. 우리 조상들은 음식을 찾으면 바로 뱃속에 욱여넣었다. 언제 다시 음식을 찾아낼 수 있을지 모르니까. 오늘날 돼지들이 품종을 막론하고 음식을 보면 마구잡이로 집어삼키는 것처럼 말이다. 인간의 탐욕은 이러한 원시 시대의 불확실성에서 생겨난 것이다.

우리 인간의 탐욕이 한때는 생존 투쟁에 있어 꼭 필요한 미덕이었다. 곧 우리의 시초에 대한 일종의 기념물이라고도 할 수 있다. 우리는 이런 유물을 우리 몸에 남아 있는 충수 돌기나 잉어 분비선 등의 흔적 기관처럼 나름대로 담담하게 받아들여야 할 것이다. 모든 인간의 삶이 완벽하게 안락해져 아무도 자기와 피부양자의 식량과 생활에 필요한 모든 것들을 걱정할 필요가 없게 될 때까지 인간들은 계속 탐욕스럽게 물질을 손에 넣고 운 나쁜 시기를 위해 축적하려 할 것이다. 이렇듯 소유와 탐욕은 인간의 자연스러운 본능이라 할 수 있다. 이 같은 헛된 꿈과 욕망으로 인해 우리 인간의 삶은 고통의 연속인 것이다. 우리 인간은 상충하는 욕구와 환상에 따라 움직이고 의지와 판단의 허약함에 영향을 받는다. 우리 삶이 고통이라는 것과 모든 인간은 고통과 역경을 헤쳐 나간다는 단순한 깨달음만으로도 우리는 묘하게 위안받는다.

우리 인간은 그것이 참인지 거짓인지 아닌지와 상관없이 믿음을 동기로 행동한다. 예를 들어 행복이 존재한다는 믿음, 삶에 의미가 있다는 믿음, 자아가 있으며 누구나 노력하면 자아실현을 할 수 있다는 믿음, 모든 것을 할 수 있는 전지전능한 신(神)이 존재한다는 믿음, 진정하고 영원한 사랑이 있다는 믿음, 생명의 탄생이 축복이라는 믿음, 정해진 운명이 존재할 것이라는 믿음, 영혼이 있으며 영혼을 치유할 수 있다는 믿음, 모든 문제를 해결할 수 있다는 믿음, 무언가 이루고 남길 수 있다는 믿음, 세상의 모든 법칙과 이치를 이해하고 알 수 있다는 믿음 등이다. 이러한 믿음을 통해 우리는 삶에 있어서 의미를 부여할 수 있다고 믿고 살아가는데 사실 이것들은 매우 비논리적이지만 우리 인간은 이러한 믿음이 없으면 아무것도 할 수 없다. 결국 이러한 비논리적 믿음을 통해 삶의 의미를 찾고 방향성을 찾게 된다.

의식과 무의식 속에 살아간다

모든 생명체가 선천적 유전과 후천적 환경에 따라 살아간다. 선천적으로 물려받은 유전자는 우리 인간이 자연의 생명체로서 먼 옛날 조상들에게서 부여받은 본성으로 무의식을 지배하고, 의식은 태어나서 후천적 환경에 따라 살아가면서 경험으로 축적한 경험으로부터 얻게 되는 것으로 주로 의식적 삶을 통제하고 관리한다. 각자의 삶의 형태는 비록 다를지라도 우리 인간은 모두 의식과 무의식 두 가지 면을 가지고 살아간다. 의식과 지각이 고도로 발달한 생명체일지라도 스스로 자각하지 않은 상태에서 지각하고 사고하는 경우가 많은데 인간도 마찬가지다. 우리 인간은 감각기관을 통해 알게 되는 것 중 극히 일부만을 의식적인 상태에서 지각하고 대부분은 무의식 상태에서 이루어지는 지각을 통해 받아들인다. 의식의 표면에 있는 것은 사실 우리가 이미 알고 있는 것의 희미한 그림자 정도일 뿐이다. 의식은 항상 변화되는 바람과 구름과 같이 항시적이지 않고 변화한다. 우리는 태곳적부터 지속해온 24시간 시간 주기의 리듬에 따라 잠들고, 자는 동안 꿈이라는 가상 세계에 산다. 깨어 있는 낮 동안에 이루어지는 활동은 대부분 의식하지 않은 채 일어나는데, 행동의 가장 깊은 동기들은 우리 의식의 검토 망에 잡히지 않는다. 우리의 정신 작용 대부분도 우리가 모르는 사이에 일어나며 전혀 의식하지 못한 채 지나간다. 우리가 살아가는 데 있어서 중요한 것 중에서도 의식적인 지각을 해야 하는 것이 거의 없으며, 삶에 있어 중요한 많은 것들조차도 사실 의식하지 못한 상태에서 발생한다는 것은 참으로 놀라운 사실이다. 우리가 지각하고 인식하는 세상 대부분이 의식적인 관찰에서 오는 것이 아니라, 우리가 통제하지 못하는 무의식중에 일어나는 지속적인 스캐닝 과정을 통해서 일어난다.

우리 인간은 무의식과 의식이 두 가지 면을 모두 갖고 있는데 많은 시간을 무의식 상태에서 살아간다. 별도로 노력해서 의식하지 않은 대부분의 시간 동안에는 무의식 상태가 우리의 정체성이라고 생각하면 된다. 의식이 낮은 사람은 어린아이들처럼 즉각적 자극을 원하고, 순간을 모면하기 위해 뻔한 거짓말 등의 유치한 회피 행동을 하지만 의식이 높은 사람은 성숙한 어른처럼 행동하고 양심적으로 살아가기를 원한다. 사실 우리 몸에 대한 지배권을 쥐고 행복과 불행을 느끼는 쪽은 무의식이다. 그래서 우리는 어른이 되어서도 어린아이처럼 유치한 생각과 감정에 사로잡혀 있는 경우가 많다. 의식의 정체성 상태에서는 어른답게 성숙한 행동을 하려고 노력하지만, 실제로는 내면에서 감정을 좌우하는 것이 무의식이므로 의식의 정체성이 쉽게 무너져 버리고 무의식에 정체성을 내어주곤 한다. 설령 무의식에 사로잡힌 상태에서도 누군가 자신을 보고 있을 때는 이성적 행동을 하게 되는데, 이것은 이렇게 보이는 것이 생존에 유리하다는 이기적 동기에서 비롯된 것일 뿐이다. 이렇듯 자신이 어른스럽게 행동해서 사람들을 충분히 잘 속였다고 어린아이처럼 착각한다. 우리 인간은 무의식의 정체성 상태에서 행동은 어린아이처럼 하면서, 어른처럼 인정받으려고 하는 행태를 보인다. 무의식은 수준 높은 의식의 요구에 따르며 살지 못하는 수준 낮은 자신을 스스로 경멸하게 되는데 이것이 낮은 자존감으로 열등감과 피해의식으로 나타난다. 마치 지킬박사와 하이드와 같이 의식과 무의식의 정체성 간의 간격이 매우 큰 사람은 중독과 자기혐오 속에서 괴롭고 힘든 삶을 살 수밖에 없다. 상식적으로 생각해봐도 기준은 예수님과 부처님처럼 엄격한 사람이, 개나 돼지 같은 낮은 레벨의 본능을 가졌다면, 매우 힘들 것이다. 무의식과 의식의 간격을 좁히는 방법은 무의식을 의식에 진심으로 순종하도록 심신을 수행하고 단련하는 것이다. 이것은 아이를 키우는 것과 유사한데 너무 기를 죽이면 노예처럼 자발성이 사라지게 되어 기가 죽어 자신감이 없고 활기 없는 삶을 살게 된다. 반면 너무 기를 살리면 제멋대로 날뛰게 된다. 단기간은 쾌감에 젖어 행복감을 느끼게 되지만 장기적으로는 자존감이 낮아져 결국 고통받게 된다. 그러므로 우리는 살면서 무의식이 진정으로 의식의 명령에 순종하도록 심신을 잘 수행하고 단련하여야 한다. 때론 의식의 엄격함을 다소 완화하고, 무의식의 존재를 현실적으로 인정함으로써 서로의 간극을 줄여 자존감이 높은 삶을 살아가면서 행복을 최대한으로 이끌어 내야 한다.

인간은 행복을 추구한다

우리 인간은 행복을 모든 사람이 추구하는 인생의 목적지라고 여긴다. 우리의 모든 행동은 목적을 뒀을 때 쉽게 설명할 수 있다. 좀 더 행복하기 위해서 학교에 다니고, 좀 더 행복하기 위해서 직장을 다니거나 사업을 하고, 좀 더 행복하기 위해서 결혼하고, 좀 더 행복하기 위해서 자식을 낳고, 좀 더 행복하기 위해 미래를 꿈꾼다. 하지만 때때로 행복을 목적으로 하는 이런 삶은 갈등과 모순에 부딪힌다. 학교 다니기가 괴롭고, 직장생활과 사업으로 고통스러워하고, 결혼생활로 힘들어하고, 자식으로 인해 걱정과 불안 속에 하루하루를 살고, 미래의 꿈으로 인해 방황과 혼란 속에 힘겨운 삶을 살아가곤 한다. 행복하여지려 했던 선택이 오히려 불행과 고통을 가져오고 현재의 행복과 미래의 행복이 충돌하는 이 모순은 도대체 어디에서 생기는 것일까? 이러한 갈등과 모순은 행복을 거창한 관념으로 오해하기 때문이다. 행복을 어떤 것의 목적이나, 목표 지점으로 생각하기에 행복을 추구하는 선택적 행위들로 인해 불행하게 되면 당황하며 혼란스러워하고 미래의 행복을 위해, 현재의 행복을 희생해야 하는 행복하지 않은 상황에 직면하기도 한다. 이렇듯 우리는 평생을 좀 더 행복하기 위해서 끊임없이 뭔가를 시도하며 살다가, 제대로 행복의 맛도 보지 못하고 고통과 괴로움 속에 늙어 죽는 게 우리의 인생이다.

인간이 그토록 추구하는 행복이라는 것은 사실 존재하지도 존재할 수도 없다. 또한 합리적이고 이성적으로 설명하려 해도 되지 않는다. 단지 '인간이 행복이라고 느끼는 구체적인 순간의 경험에서 뇌가 느끼는 감정'으로 그저 살면서 어떤 행위나 존재와의 관계에서 맛보게 되는 기쁨과 만족감일 뿐이다. 그래서 의식적인 노력으로 성취하려 해도 허무함과 공허감만 느끼게 되며, 결국 일상생활 속 행위와 활동들의 결과로 나타난다. 우리가 추구하는 행복에 관해 굳이 몇 가지로 정리한다면 첫째, 행복은 생존 도구다. 인간의 목적은 인정하기 싫겠지만 다른 동물과 마찬가지로 생존과 번식이다. 사실 인류가 존재한 이후로 문명인으로 살아온 시간은 인간 진화의 시간을 1년으로 압축한다면 겨우 2시간뿐이다. 이런 관점에서 본다면 단지 생존을 위해 필요한 상황에서 느껴야 하는 뇌의 보상 작용일 뿐이다. 생존에 유익한 활동이나 생각을 할 때 그 일에 계속 매진할 수 있도록 해주는 쾌락의 감정이 행복인 것이다. 둘째, 인생의 조건이 행복의 결정적 조건은 아니다. 흔히들 행복하려면 돈, 건강, 학력, 외모, 나이 등 여러 가지 조건들을 갖춰야 한다고 생각하지만 사실 이 조건들은 행복의 개인 차 중 10%에서 15%정도밖에 예측하지 못하는데도 대부분 사람들은 행복의 10% 정도밖에 결정하지 못하는 이러한 인생의 조건을 갖추는데 인생의 90%의 시간과 에너지를 투자하며 살아간다. 셋째, 행복은 찰나의 감각이다. 예를 들어 새 차를 사게 되면 너무너무 행복하겠지만 곧 그 상황에 적응되면 더 이상 행복감을 느낄 수 없게 된다. 마찬가지로 사랑하는 사람과 결혼하더라도 그 순간 행복하지만 매일 함께 일어나 식사를 하고 잠자리에 드는 일상이 반복되면 행복감은 떨어지고 권태감이 찾아온다. 행복감이 지속되지 못하는 이유는 바로 생존 본능 때문이다. 생존을 위한 행위는 반복적으로 이뤄져야 한다. 오늘 고기를 씹으면서 느낀 쾌감이 사라져야 다시 쾌감을 지속해서 느끼기 위하여 생존을 위한 사냥에 나서게 된다. 몇 년간 노력해서 성취한 승진의 행복감이 불과 며칠밖에 지속하지 않는 이유도 마찬가지로 행복감이 떨어져야 더 큰 행복감을 얻기 위해 삶을 매진할 수 있기 때문이다. 넷째, 행복도 유전된다. 우리 인간은 본질적으로 사회적 존재로서 살아가기 때문에 많은 사람과의 관계가 좋은 외향적인 성격을 지닌 사람이 더욱 행복을 느낄 가능성이 크다. 그래서 사람들과 쉽게 어울리는 외향적인 성향을 가지고 타고난 사람이 더 쉽게 행복감을 느낄 가능성이 커진다.

결국, 모든 인간이 추구하는 행복은 무엇인가가 되면(Becoming) 행복하리라 생각하지만 사실은 행복은 지금을 살아가는 순간(Being)에 있다는 것을 명심해야 한다.

모순과 혼돈 속에서 몸부림친다

인간의 삶은 본질적으로 모순과 딜레마, 역설, 기만, 혼돈, 모호함이 넘친다. 그러므로 우리는 이러한 것들을 관리하며 살 수밖에 없는 한계 속에서 살아간다. 삶에는 추구하는 목표가 있어야 행동의 동기가 되지만 목표가 있으면 오히려 행복에 방해된다는 사실 역시 모순이며, 사랑을 하면 허무하지만 그래도 본능처럼 죽는 날까지 사랑을 갈구하는 것도 인간의 모순이다. 또한 행복을 추구하지만 행복을 추구함으로 인하여 불행과 고통에 직면하게 되는 현실도 우리 인간의 삶에 있어 모순이며 이에 따라 혼란에 빠지게 된다.

우리가 살아가는 이 세상은 선과 악, 죄와 벌, 천국과 죽음, 삶과 죽음, 빛과 그림자, 위기와 기회, 창과 방패, 시작과 끝, 존재하는 것과 존재하지 않는 것 등 많은 것들의 경계가 분명하지 않은 경우가 많다. 사람 간에 얽혀 있는 관계에서부터 사물의 구성과 형태에 이르기까지 많은 부분이 왜곡과 모순, 혼돈이 만연되어 있다. 이것들은 생성과 소멸을 반복해 가며 우리의 판별력을 시험하곤 한다. 우리는 인생의 진면목을 볼 수 있는 능력을 갖춤으로써 무수한 추측과 생각, 모순과 혼돈 속의 삶 속에서도 표류하지 않고 정신적 균형을 유지할 수 있어야 한다.

우리 인간의 삶과 행복은 사람마다 다르고, 살아가다 보면 그때그때 달라지며, 처한 상황도 달라진다. 결국 삶이란 다 살아보고 뒤돌아봤을 때만이 진정으로 이해할 수 있는 것이다. 그런데도, 모두가 어떤 환경과 어떤 처지에서든 행복하게 잘 살아보고자 애를 쓰면서 자신이 처한 상황이나 입장을 제대로 고려하지 않고 주위 사람들과 비교하거나, 따라 하는 것이 좋은 삶, 행복한 삶인 줄로만 알기 때문에 모순과 혼돈 속에서 고통을 받으며 살아가게 되는 것이다. 하지만 모순과 혼돈 속에 몸부림치는 것도 결국 '살기 위해', '잘 살기 위한' 것이다. 우리는 타인의 직접적인 경험, 책이나 이야기를 통한 간접적인 경험을 통해 빨리 깨달음으로써 삶을 더욱더 충만하고 가치 있게 살아 가는데 도움을 얻을 수도 있다.

우리는 자신이 누구이며 자신이 무엇을 위해 살고 있는지 해답

을 찾고자 몸부림 칠수록 그 해답을 찾을 수 없어 당황하다가 절
망에 빠지곤 한다. 하지만 그런 질문을 멈추고 자신의 삶을 담담
히 받아들일 때 역설적으로 자신이 누구이며, 자신이 무엇을 위해
사는지 깨닫게 되는 것 같다. 삶에 대해 고뇌할수록 삶은 무의미
하게 느껴지지만 삶에 대한 생각을 멈추고 주어진 삶을 그냥 살아
갈 때 비로소 삶의 의미를 느끼게 되는 것이다. 우리 인간의 삶 자
체는 잘못된 것이 아니라 삶에 대한 우리의 생각이 잘못 되었다는
것을 깨닫기 바란다. 이렇게 우리의 잘못된 생각 때문에 우리 인간
은 끊임없이 모순과 혼돈속에서 몸부림 친다.

　우리가 삶과 행복의 진정한 의미를 알 수 없는 이유는 어느 한
시공간 속에서 깨달은 삶의 의미와 행복이 다른 시공간에서는 딱
히 맞지도 않을뿐더러 우리가 새로운 시공간에서의 삶과 행복을
깨닫는 사이에 우리는 이미 시공간의 변화를 겪고 다른 사람으로
바뀌어 있기 때문이다. 인간은 혹은 인간의 정체성은 우리가 생각
하고 인식하는 것보다 훨씬 빨리 변한다. 이전에 우리가 알던 인간
은 다시는 존재하지 않는다. 기억은 바로 이런 식으로 우리를 오도
하고 단순히 과거가 어떠했는지를 잘못 보여주는 것이 아니라 우
리가 현재를 인식하는 방식을 왜곡한다. 그러므로 우리 인간은 항
상 근본적으로 모순과 혼돈 속에서 몸부림치며 살 수밖에 없는 것
이다. 우리 인간의 기억력은 너무 약해서 문제가 아니라 사실은 현
재를 있는 그대로 바라보지 못하게 방해할 만큼 너무 강해서 문제
인 것이다. 우리의 머릿속에는 어떤 존재에 대한 고정된 이미지를

가지고 있기 때문에 어떤 식으로 변화하는지는 물론 그 어떤 존재가 시시각각 변하고 있다는 사실 자체도 알아차리지 못한다. 우리의 시각과 인식은 어느 시점에 형성된 생각에 의해 결정되기 때문에 '변화하는 존재와 불변하는 고정된 기억 사이의 충돌'에 따라 고통스러워하고 혼란스러워하는 것이다. 우리가 사는 세상은 시간은 흐르고 사물은 변화한다. 가만히 한번 생각해보라 선과 악, 죄와 벌, 천국과 죽음, 삶과 죽음, 빛과 그림자, 위기와 기회, 창과 방패, 시작과 끝, 음과 양이라고 어느 시점에서 생각했던 것들이 또 다른 어느 시점에서 똑같이 여겨지던가? 선이라고 생각했던 것들이 악이 되고 악이라고 생각되던 것들이 선이 되는 것, 위기가 기회가 되고 기회가 위기가 되는 것 등 우리가 살면서 얼마나 시공간과 상황에 따라 전혀 다르게 인식되는지 경험하고 충격을 받았을 것이다. 우리는 과거의 특정한 순간들과 존재에 대해 아름다운 과거로 남겨져 있기에 이 과거를 다시 경험하고 포착하고자 하는 욕망과 현재와의 괴리 그리고 새로운 미래를 향한 욕망이 절대로 일치할 수 없기 때문에 우리의 삶은 항상 모순과 혼돈 속에서 살아가게 되는 것이다. 또한 우리 인간은 사회적 존재이기 때문에 살아갈 수 있는 것인데 사회적 존재이기 때문에 우리의 삶이 피곤하고 힘든 것이다. 고로 우리의 삶은 행복을 추구하는데 어쩔 수 없이 피곤하고 힘들다는 모순적인 특성을 본질적으로 가질 수밖에 없다.

슬기로운 인간생활

3. 인간의 운명은 존재하는가

과연 인간의 운명은 존재하는 걸까

　누구나 살면서 한 번쯤 '과연 인간의 운명이 존재하는 걸까?'라는 의문을 갖게 된다. 누군가 "운명이란 과연 존재하는가?"라고 묻는다면 이 질문에 "예"라고 대답하는 사람도 있고 "아니오"라고 대답하는 사람도 있고 "모르겠다"라고 대답하는 사람도 있을 것이다. 일반적으로 대답하는 사람이 처한 상황에 따라 대답은 달라지게 마련이다. 아직 젊고 일이 잘 풀리는 사람의 경우에는 대부분 운명이 존재한다는 것을 부정한다. 자기 자신이 무엇을 어떻게 해야 하는 것이 중요하다고 한다. 반면 어느 정도 나이가 들고 또 현실이 팍팍할 경우, 운명이라는 것이 있는 것 같다고 말한다. 나의 의지와 노력 밖의 운이 자신의 인생에 더 크게 작용하는 것 같다고 느낀다. 그래서 속담에도 '잘하면 내 탓, 못하면 조상 탓'이란 옛말이 생기지 않았나 싶다. 우리 인간의 대부분은 일이 잘되면 모든 게 내가 잘해서 그렇게 된 것이고 일이 잘못되면 조상 탓, 아니 남의 탓이라고 둘러댄다.

운명이라고 말할 때 사람들은 보통 '정해진'이라는 말을 덧붙인다. 과거에 일어난 일, 현재 나의 모습과 앞으로 미래에 일어나게 될 모든 것들이 정해져 있다는 말이다. 이미 정해져 있기에 시간이 되면 필연적으로 그 일이 생기고 이루어지는데 다만 인간이 모를 뿐이라고 믿는데 이것을 운명이라고 생각한다. 이런 관점에서 운명을 이해한다면 인간의 자유의지가 부정된다. 즉, 삶의 주체로서 '나'라는 존재가 사라지는 것이다. 미래에 일어날 일들이 정해져 있다면 내가 나의 의지로 결정할 수 있는 것이 아무것도 없게 된다. 내가 결정하고 선택한다고 착각할 뿐 결국 나의 행위는 정해진 시나리오에 맞춰 살아가는 것에 불과하다. 현재 내 삶을 살고 있는 존재는 분명히 '나'다. 아침에 눈을 떠서 밤에 잠이 들어 무의식의 상태가 될 때까지 모든 순간 나 자신이 내 삶을 꾸려간다. 감각하고 판단하고 결정하고 행동한다. 잠에서 깨어나 눈을 떠 '일어날 것인가, 말 것인가'라는 결정부터 자기 전에 이불을 덮는 나의 행동까지 어느 것 하나 '나' 자신이 하지 않는 것이 없다. 하지만 정해진 운명이 있어서 미래가 다 결정되어 있다면 일어나서 잠자리에 들기까지 모든 행동이 내가 한 것이 아니라 정해져 있었어야 한다. 그렇게 된다면 나의 의지로 행동했다고 착각할 뿐 나는 내 삶에서 아무것도 아닌 존재가 되어 버린다. 정해진 운명의 존재를 인정한다는 것은 경험적으로 도저히 받아들일 수 없는 주장이다.

과연 인간의 운명은 존재하는 걸까?

그렇다 실제로 우리 인간의 운명은 존재한다. 하지만 운명은 정해져 있는 것도 있고 정해져 있지 않은 것도 있다. 확실한 것은 운명은 주어져 있다는 것이다. 하지만 주어진 운명은 후천적으로 직면하는 환경과 노력에 따라 달라진다. 우리 인간의 운명은 주어진 선천적 유전과 후천적 환경에 따라 달라진다. 정리해 보자면, 운명은 태어나면서부터 가진 유전적 특성이 발현되고 환경에 따라 끊임없이 변화한다는 의미가 된다. 하지만, 주어진 유전적 특성(천성) 가운데 무엇을 선택하느냐는 순전히 나의 결정에 달려 있다. 그러므로 지금 이 순간에 내 생각과 행동이 중요한 것이다. 생각이 행동이 되고, 행동이 습관이 되고, 습관이 곧 나의 운명을 좌우하는 것이다.

서양에서는 운명을 'Destiny'라고 한다. Destiny'는 목적지라는 뜻의 'Destination'과 어원이 같다. 'de(뒤)'와 'sta(서다)'가 합쳐져서 미래에 서야 할 곳 또는 '서야 하는 곳'이라는 의미가 되었다. 서양에서는 삶의 목적과 결과에 초점을 맞춰 미래지향적인 의미로 쓰였다. 동양에서 말하는 운명은 명(命)에 대한 흐름(運)이고, 서양에서 말하는 Destiny는 미래에(de) 서는(sta) 그곳으로 나아간다는 뜻으로 동서양에서 뜻하는 운명의 의미를 종합적으로 보면 태어날 때 부여받은 어떤 속성(주어진 유전적 특징)을 갖고 어딘가 목적지를 행해 움직이고 있다는 뜻이다. 우리가 자주 하는 말로 '인생은 나그넷길'이란 말이 있다. 그렇다 우리는 나그네가 길을 가듯 살아가는 것이 '운명'인 것이다. 결국, 어떤 주어진 '유전적 특징'을 가지고 태어난 나그네(인간)가 '죽음'이라는 최종 목적지를 향해서 '생로병사'의 길을 통과하는 과정(살아가는 것)인데 환경에 따라가는 과정 과정에서 '흥망성쇠', '희로애락'을 거듭하면서 걸어가는 것이다.

나답게 산다는 것은 태어날 때부터 자신에게 주어진 것이 무엇인지를 깨닫고 자신의 잠재성을 계발하며 성장하는 삶이다. 나의 노력 여하와 관계없이 이미 정해진 운명 따윈 없다. 다만 인간의 삶의 방향성과 패턴은 있다. 태어나면서 부모님에게 물려받은 개인적 유전자로 인해 누구는 어떤 병에 취약하고 누구는 강할 수도 있다. 타고나기를 좋은 예술 감각이 발달한 사람도 있고, 계산 능력과 사고력이 좋은 사람도 있고, 운동신경이 뛰어난 사람도 있다. 이렇게 개개인의 다름을 인정하고 나의 재능과 잠재력을 개발하여 '특별한 나'로 성장하는 것이 자신의 운명을 최상으로 만들어 가는 것이다. 정해진 운명이 있다고 믿고서 거기에 속박되어 한 번뿐인 자신의 삶을 방관하거나 요행을 바라서는 안 된다. 오히려 남들보다 부족한 부분은 겸허히 받아들이고 내가 가진 재능과 잠재력을 알아내 적극적으로 삶에 활용하려고 애써야 한다.

4. 인간의 운명은 무엇인가

주어진 본성에 기인하여 살아가는 것이다

모든 인간은 태어나면서부터 죽을 운명을 가지고 태어난다. 하지만 우리 인간은 죽음의 필연성을 받아들이지 않는다. 그래서 동서고금을 막론하고 수단과 방법을 가리지 않고 온 힘을 다해 죽음과 싸워 이기고 영원불멸의 삶을 살기 위해 노력해왔다. 동시에 세상을 있는 그대로 받아들이기를 거부한다. 사실 인간은 세상에 종속되어 삶을 영위하는 존재이며 인간의 절대다수가 세상을 포기하기를 원하지 않는다. 세상을 늘 내려놓고 잊어버리기를 바라기는커녕 세상을 온전히 소유하지 못한다는 사실에 매 순간 고통을 받는다.

우리는 삶과 죽음이 실재하지 않는다거나 우리가 상상하는 모습과는 다르다는 사실을 실제로 알아낼 수는 없다. 적어도 우리가 일반적으로 지식을 습득하는 방식으로는 더더욱 알아낼 수가 없다. 삶은 진행형이고 죽음은 한 번뿐이어서 삶에 대해 명확한 해답을 내기 어렵고 죽음에 대해 알 수가 없다. 1950년 아이작 아시모프가 발간한 '아이, 로봇'에서 그 유명한 로봇 3원칙이 제시된다. 첫째, 로봇은 인간에게 해를 가하거나 혹은 어떠한 행동을 하지 않음으로써 인간에게 해를 끼치지 않는다. 둘째, 로봇은 첫 번째 원칙에 위배되지 않는 한 인간이 내리는 명령에 복종해야 한다. 셋째, 로봇은 첫 번째와 두 번째 원칙에 위배되지 않는 선에서 자신을 보호해야 한다. 우리 인간도 우주와 자연 일부로서 위의 3원칙의 적용을 받는다. 첫째, 인간은 우주와 자연에 해를 가하거나 혹은 어떠한 행동을 하지 않음으로써 우주와 자연에 해를 끼쳐서는 안 된다. 둘째, 인간은 첫 번째 원칙에 위배되지 않는 한 우주와 자연에 순응하며 살아가야 한다. 셋째, 인간은 첫 번째와 두 번째 원칙에 위배되지 않는 선에서 자신을 보호해야 한다. 인간 삶의 3원칙은 지극히 자연중심적이며 우주와 자연 속에 살아가는 인간에게 있어서 매우 불평등한 행동 규정이라 할 수 있다. 이처럼 세상은 원래 본질적으로 불평등에 기인하며 우주와 자연에 비추어 보면 인간의 삶과 운명은 미미하기 그지없다. 인간은 과거를 추억하고 미래를 상상하며, 희망과 두려움의 간극에서 다양한 삶의 서사시를 만들어 간다.

인간은 본질적으로 더 나은 문명, 더 나은 인간을 육성하는 것을 목적으로 프로그래밍 되어 있을 것이다. 하지만 인간의 탐욕과

오만이 우주와 자연의 관용을 넘어서게 되는 순간에는 인류는 반드시 멸망하게 될 것이다.

인간은 이성적으로 설득력 있는 특별하고도 마땅한 이유는 비록 없을지 모르나 삶을 수호하고 불의에 저항하며 세상과 다른 사람에게 관심을 가지며 살아가게 되어 있다. 살면서 알겠지만 어차피 궁극적으로 달라지는 점은 없을 가능성이 매우 크다. 어떤 노력을 기울이든 우리가 바랄 수 있는 최선은 기껏해야 누구에게나 불가피한 죽음을 약간 더 미루는 것이다. 그런데도 우리는 주어진 대로 살아야 한다. 그렇게 사는 것이 우리의 본성이기 때문이다. 우리는 절대로 실제로 우리가 무엇을 위해 살아야 하는 것인지 왜 살아야 하는지에 대한 의미가 각자 삶의 관점과 목적에 따라 다르겠지만 확실한 것은 살아간다는 것 자체로 삶은 살 만한 가치가 있도록 만들어주는 것을 지키고 보존하는 수단이라 할 수 있다. 삶이 가져다주는 즐거움, 특히 다른 사람, 다른 존재들과 사랑하는 관계를 맺을 때 얻을 수 있는 즐거움은 우리 삶에 고통과 즐거움의 원인으로 작용하고, 행복과 불행이라는 결과를 가져오게 한다.

명심보감 천명 편에 '순천자(順天者)는 흥(興)하고 역천자(逆天者)는 망한다'라는 지극히 기본적인 진리인 공자의 말이 나온다. 이 말은 세상에는 도리와 하늘의 순리가 있으니 이것을 따르는 사람은 살아서 존귀해지고 이 도리와 하늘의 순리를 거역하면 망하게 된다는 말이다. 이 세상에는 변치 않는 것이 없고 아름다움을 그대로 계속 유지하는 것도 없고 지금 가진 것을 영원히 누리는 것도 불가능하다. 신은 우리 인간에게 공평하게 나눠줬다는 말이 있다. 유치하게 들리는 비유적인 말이지만, 미인에게는 뛰어난 두뇌는 안 주고, 미남에게는 체력을 약하게 주었다고 한다. 이빨이 강한 짐승에게는 뿔을 주지 않았고, 하늘을 나는 새들에게는 두 다리만 주었고, 아름답고 향기로운 꽃에는 열매가 없다고 한다. 이렇게 각각의 생명체는 주어진 본성과 본체에 기인하여 살아가는 것이다. 아기 때는 젖 주면 좋아하고, 아이 때는 그저 뛰노는 걸 좋아하고, 청소년기엔 친구를 좋아하고, 성인이 되어서는 연인을 좋아하고, 결혼하면 아이들을 좋아하고, 노인이 되면 손자들을 좋아한다. 이처럼 주어진 본성대로 살며 주어진 것을 한껏 누리며 순리대로 살아가면, 삶은 더욱더 충만해지고 윤택해진다.

거대한 목적을 이루기 위해
작은 목표들을 성취해 나가는 과정과도 같다

어떤 맥락에서 보면 '인생이란 거대한 목적을 이루기 위해 작은 목표들을 성취해 나가는 과정'과도 같다. 하지만 거대한 목적은 추상적인 경우가 많다. 따라서 지금 당장 성취할 수 없는 것들이다.

가령 행복이나 절대적인 믿음, 사랑 같은 것들 말이다. 이러한 거대한 목적은 수치로 표현하기가 거의 불가능하다. 관념적인 것들이

슬기로운 인간생활

기 때문이다. 게다가 상대적이기도 하다. 즉, 내가 원하는 행복이나 믿음, 사랑이 몇 퍼센트 충족되었는지 명확하게 알 수 없다는 말이다. 물론 저자의 책 '세상에서 제일 소중한 행복의 비밀코드'에서는 비록 완벽하지는 않을지언정 최초로 행복을 수치화할 수 있도록 공식을 만들어 수치가 가능하도록 시도하였다. 어쨌든 우리 인간은 거대한 목적을 위해 작은 목표들을 설정해 살아가곤 한다. 올해는 꼭 결혼하겠다거나, 내년부터는 가족들과 더 많은 시간을 함께 보낸다거나, 올해는 다이어트를 꼭 해내고 만다 등과 같은 목표들처럼 말이다. 많은 사람은 현재의 불행한 자신을 미래의 행복한 자신으로 만들기 위해 오늘의 목표를 성실히 수행하곤 한다.

결핍을 채우기 위해 노력하는 과정이다

어떤 사람들은 오늘의 목표인 운동으로, 공부로, 예술로 인생의 목적인 행복에 서서히 다가가고 있다. 잡힐 것 같지 않은 행복이 조금씩 구체화하기 시작하면 그 행복을 가족 등과 나누려 한다. 하지만 때론 자신만의 작은 목표를 통해 인생의 목적을 달성해가는 이를 향해 핀잔을 주거나 비웃기도 한다. 이렇게 받은 상처는 결핍이 되어 결핍을 보듬어 주고 채워줄 누군가를 찾게 된다. 그래서 서로의 결핍이 서로를 가깝게 만들어준다. 그리고 서로가 점차 진심으로 아끼는 사이가 되어간다. 반려동물과의 삶이 확대되는 것은 결국 정서적 결핍을 채우기 위해서이다.

우리 대부분은 우리 인간의 삶이 살 만한 가치가 있어 보이려면 반드시 세상이 좋은 곳이어야 한다고 생각한다. 그러다 보니 살면서 세상이 결코 좋은 곳이 아니라는 사실과 결핍을 채워가야 한다는 사실을 깨달았을 때 삶에 고통스러워하고 절망하는 것이다. 하지만 사실 세상은 반드시 좋은 곳이어야만 할 필요는 없다. 오히려 부족과 결핍은 우리를 계속 나아가도록 만든다. 결핍 자체는 고통을 주지만 결핍 자체는 사실 나쁘지 않다. 우리가 가지고 있는 욕구와 욕망은 언제나 부족함과 결핍에 직면한다. 그렇기 때문에 부족함과 결핍은 우리 인간이 계속 살아갈 아주 멋지고 훌륭한 이유를 제공한다는 점에서 삶을 더욱 살 만한 가치가 있는 것으로 만들어준다. 부족과 결핍을 극복하려는 우리의 투쟁은 우리를 흥분시키고 고무시키는 동시에 우리의 삶에 더욱 간절한 열망을 부여한다, 우리는 질병이 찾아올 때 혹은 질병에 맞서 싸울 때 생기가 도는 묘한 느낌을 누구나가 한 번쯤은 경험을 했을 것이다. 우리가 사는 세상은 삶이 우리에게 무슨 일을 초래하든 충분히 살 만한 가치가 있다.

내 삶의 결핍을 채우기 위해 노력하는 과정은 내가 성장하고 나를 발전시키는 방법을 찾는 것 결국 '안분지족'인 것이다.

삶은 고통을 참고 견디는
시험의 연속적 과정이다

우리의 삶에는 크고 작은 많은 역경과 고난이 뒤따르기 마련이다. 삶의 고통과 고난은 삶 곳곳에 만연하며 우리 삶의 본질 가운데 속한다. 복싱은 참으로 우리 인간의 인생과 닮았다. 복싱은 이상한 스포츠이다. 많은 부분이 거꾸로니 말이다. 왼쪽으로 가고 싶으면 왼쪽이 아니라 오른쪽 발가락을 움직여야 한다. 반대로 오른쪽으로 가려면 왼쪽 발가락을 움직여야 한다. 그리고 고통을 피하는 대신 정신 나간 사람처럼 고통 속으로 들어간다. 그런데도 복싱에는 마력이 있다. 견딜 수 없는 것도 결국 견디게 만든다. 갈비뼈가 부러져도 참고, 심장이 파열되고 참고, 눈이 찢어져도 참는다. 모든 것을 걸게 하는 마법이 있다. 자기 눈에만 보이는 꿈을 좇게 만드는 매력이 있다. 그래서 복싱은 인간의 인생과 닮았다. 인생의 거대한 목적을 이루기 위해 우리가 행하는 목표들은 남들의 시선에서 볼 때 어리석어 보일 때가 있다. 게다가 인간의 운명도 왼쪽으로 가기 위해 오른쪽으로 가야 할 때가 있고, 고통이 있는 걸 알면서도 받아들여야 할 때가 있다. 하지만 이런 과정들을 견디게 하는 매력이 또한 인생에도 있다.

가끔은 방황할 수도 자주 돌아갈 수도 있다. 하지만 그것 또한 궁극적으로 인생의 목적을 달성하기 위한 과정, 즉 운명이다. 우리는 하루에도 수없이 일어나는 번뇌와 망상이 수천 가지 갈래갈래

흩어지곤 하지만 그래도 매일매일 또다시 마음과 몸을 정돈하고 안정을 찾고 나아가야 한다. 달리 뾰족한 수는 없다. 모든 사람이 한 번쯤은 '한 번뿐인 인생, 도대체 왜 이토록 힘들고, 아프고, 고통스러워야 하나?' 하는 생각을 하게 된다. 우리가 여행길을 떠날 때 챙기는 짐들이 있듯이, 인생길을 걸을 때 꼭 챙겨야 할 것들이 있다. 하지만 부득이 여행길이든 인생길이든 짐들을 다 버려야 할 때 우리는 어쩔 수 없이 버리고 싶어도 버릴 수 없는 유일무이한 것이 있는데 그것이 바로 자기 몸이다. 그렇기 때문에 우리 삶은 힘들고, 아프고, 고통을 안고 갈 수밖에 없는 것이다.

삶은 태어나서 죽을 때까지 무언가를 선택해야 하는 시험의 연속적 과정이다. 그렇기 때문에 고통은 인간의 숙명일 수밖에 없는 것이다. 우리 인간은 선천적으로 태어날 때부터 주어진 유전적 특징을 간직한 육체를 가지고 죽음이란 종착역까지 연결되어 있는 생로병사의 길을 통과하면서 후천적으로 마주치는 환경으로부터의 직면하게 되는 여러 가지 시험적 삶의 과제를 해결하는 데서 오는 갈등과 난관, 시련과 역경을 극복해 나가는 연속적 과정 속에서 흥망성쇠와 희로애락을 겪으면서 어떠한 선택을 해야만 하는 시험의 연속이다.

우리의 삶은 본질적으로 고통 그 자체다. 왜냐하면 죽는 날까지 생존과 번식을 위한 치열한 경쟁과 삶의 과제들을 해결해야 하기 때문이다. 그렇기 때문에 인간은 행복을 추구하며 살아갈 운명을 가지고 태어난 것이다. 우리 인간은 구조적으로 욕구와 욕망, 탐욕을 추구하게 되어 있다. 삶은 욕구와 욕망에서 기인하며 모든 욕구와 욕망은 부재 또는 부재한다고 느끼는 것을 전제로 한다. 우리 인간은 원하는 것을 얻지 못하는 한 부재 때문에 고통을 느낀다. 원하는 것을 얻게 되면 또 다른 무언가를 갈구하게 된다. 욕망이 강렬할수록 고통은 더욱 커진다. 이처럼 욕망은 고통을 겪게 하지만 '욕망하지 않는 것'은 우리가 선택할 수 있는 선택지가 아니다. 첫째, 일반적으로 우리 인간은 욕망하지 않는 능력이란 존재 하지 않는다. 예를 들어 우리 인간은 생존을 위하여 먹고 싶은 욕망이 자연적으로 발생하게 되는데 이처럼 삶의 본질적인 욕망이란 것은 우리 인간이 선택할 수 있는 것이 아니다. 둘째, 욕망의 부재 역시도 나름의 고통을 수반한다. 욕망의 부재는 권태를 느끼게 하며, 권태는 우리 인간 존재의 공허함을 마주하게 만든다. 권태는 욕망이 주는 고통보다도 훨씬 더 끔찍하여 스스로 목숨을 끊도록 만들기도 한다. 욕망과 권태가 주는 고통 사이에서 우리 인간이 바랄 수 있는 최선은 고통으로부터 일시적으로 짧게나마 벗어나는 것이다. 이처럼 일시적인 고통의 유예 상태를 '행복'이라 부른다. 사실 인간이 추구하는 행복이란 잠깐의 고통의 부재 상태에 지나지 않는다. 결국 인간이 태어나서 죽을 때까지 평생 추구하는 행복의 본질은 궁극적으로 우리 인간의 생존과 번식을 최상으로 만들고 유지하기 위한 지극히 본능적인 행위이자 감정인 것이다.

삶은 잠시 위탁받은 것이다

삶에 대한 우리의 관점이 우리의 삶을 만들고 결정한다. 누구에게나 주어진 한 번뿐인 삶을 어떻게 정의하고 대하느냐에 따라 운명이 결정된다. 왜냐하면 우리의 관점에 따라 주어진 시간을 어떻게 투자하고, 가진 돈과 재능을 어떻게 활용하고 관계에 얼마나 가치를 두는지에 영향을 미치기 때문이다. 그러므로 자기 삶을 이해하는 가장 좋은 방법은 자기 삶을 어떻게 바라보고 있는지 자신에게 물어보는 것이다. 우리가 삶을 위탁받은 것(무소유)으로 여기느냐, 아니면 원래 태어나서부터 내 것이었고 내가 얻어낸 나의 것(소유)이라고 인식하느냐에 따라 운명이 상당히 달라질 것이다. 우리 인간은 내가 가진 것은 다 내 것으로 생각하고 살지만 사실 우리의 삶은 잠시 위탁받은 것이다. 내 것 아닌 것이 없고, 또 어떻게 보면 내 것인 것이 하나도 없는 것이다. 예를 들면 우리 몸을 우주와 자연이라고 보고, 우리 몸의 세포 하나하나를 인간이라고 보면 쉽게 이해가 가능할 것이다. 세포는 우리 몸을 이루고 있는 구조상, 기능상의 기본 단위로 우리 몸에 의존하여 생성과 사멸을 반복한다. 즉 세포가 우리 몸에 잠시 기대어 살다 가듯이, 우리 인간도 우주와 자연이라는 곳에서 잠시 위탁받아 살아가는 것이다. 세상을 호텔이라 보고 인간을 여행자로 보면 쉽게 이해가 갈 것이다. 우리는 호텔을 이용할 때 호텔사용료로 일정 금액의 돈을 지불한다. 그리고 일정 시간이 되면 비워줘야 하듯이 우리는 우주와 자

슬기로운 인간생활

연을 사용하고 이용하는 대가로 생존과 번식을 통해 생태계의 지속성을 유지하는 데 기여해야 하는 책임을 지고 있다. 그리고 일정 시간이 되면 후손에게 모든 걸 넘기고 죽음의 강을 건너게 된다. 사실 인류가 생겨난 이후로 한 번도 이 사실과 역할은 바뀐 적이 없다. 우리가 누리는 모든 것은 잠시 우리에게 맡겨진 것이므로 위탁물답게 최선을 다해 소중하게 다루고 돌보아야 한다.

삶이란 잠시 왔다 사라져 가는 것이다.

우리 인간의 삶이란 잠시 왔다 사라져 가는 나그네 길과 같다. 어차피 나의 의지와 상관없이 태어나서 나의 의지와 상관없는 죽음의 길을 걸어야 한다. 그동안 어떤 삶을 살아야 하는가는 자신만이 가는 길이다. 내가 산으로 향하든, 바다로 향하든 강으로 향하든 그건 자신의 선택이며 그 선택에 따라 우리가 가야 할 길이 달라지는 것이다. 우리 인생은 세월의 흐름에 따라 구름이 흘러가듯 정처 없이 흘러가는 것이기에 욕심도 미련도 버리고 단순하고 담백하게 살아가면 그만이다. 인생은 나 홀로 벌거숭이 빈손으로 왔다가 나 홀로 빈손으로 가야 하지 않는가? 그저 흐르는 강물처럼 주어진 길을 따라 소리 없이 흘러서 나아가면 그만이다. 하지만 우리는 거의 모두가 죽음을 목전에 앞두고 나서야 삶이란 것이 잠시 왔다가 가는 것이라는 것을 받아들이게 된다. 톨스토이의 참회록에 실려 있는 나그네의 우화나 불교의 빈두설경(賓頭說經)에 나오는 설화, 성경의 내용에도 인생은 나그넷길과 같다는 내용들이 나와 있다. 빈두설경에 나와 있는 설화는 다음과 같다.

옛날 어떤 사람이 큰 광야에 나갔다가 성난 코끼리 한 마리를 만났다. 그는 크게 놀라서 뒤도 돌아보지 않고 도망치다가 넓은 들 한복판 옛 우물터에 뻗어 내려간 등나무 넝쿨을 발견하였다. 그것을 붙잡고 들어가 겨우 몸을 피할 수 있게 되었다. 그런데 그 속에는 또 다른 것들이 기다리고 있었다. 우물의 네 구석에는 네 마리의 독사가 혀를 널름거리고 있고, 우물 한복판에서는 무서운 독룡이 잔뜩 독기를 내뿜고 있었다. 위에서는 성난 코끼리가 여전히 발을 동동 구르고 버티고 있고 발밑에서는 용과 뱀이 함께 혀를 널름거리니 이러지도 저러지도 못한 나그네는 오직 하나의 생명 줄이라 할 수 있는 등나무 넝쿨을 꽉 붙잡고 있는데 어디선가 말발굽 같은 소리가 들려 나그네는 고개를 빼 들고 그 소리에 귀를 기울였다. 그러나 그 소리는 나그네를 구하기 위해서 오는 사람들의 말발굽 소리가 아니라 잡고 있는 등나무 넝쿨을 흰 쥐와 검은 쥐가 서로 번갈아 가며 쏠고 있는 소리였다. 그는 망연자실하여 하늘을 바라보는데 그 하늘가에선 몇 마리의 꿀벌들이 날고 있었는데 앉고 날 때마다 떨어지는 몇 방울의 꿀이 입에 닿았을 때 그는 그 모든 상황을 다 잊어버리고 달콤한 꿀에 도취되었다. 그러는 동안 대지엔 난데없는 불이 일어나 모든 것을 태워 버렸다. 이 설화에 나오는 넓은 광야는 무명장야(無明長夜), 나그네는 생존 인간, 코끼리는 무상, 우물은 생사의 기로, 등나무 넝쿨은 명줄, 흰 쥐와 검은 쥐는 낮과 밤, 나무뿌리를 쏘는 것은 염념생멸(念念生滅), 네 구석의 독사는 4대색신(四大色身: 흙, 물, 불, 바람으로 만들어진 몸), 꿀은 5욕[식욕(食慾), 색욕(色慾), 재욕(財慾), 명예욕(名譽慾), 수면욕(睡眠慾)], 불은 늙고 병드는 것에 비유한 것이다. 즉 이 설화는 끝없는 무명장야의 이 세상에 태어나 무상신속(無常迅速: 인간 세상의 변화가 극히 빠름)의 불안 속에 고통과 위협을 당하면서 수파수랑(隨波逐浪: 파도를 따라 물결을 일으킨다)하는 우리 인간의 삶을 비유한 것이다. 대왕 빔비사라는 이 법문을 듣고 불사의 영광을 얻었고 러시아의 대문호 톨스토이도 이 설화에 의하여 비로소 구도의 역정에 오르게 되었다고 한다.

성경 곳곳에도 인생을 가리켜 '나그네와 행인' 같다고 말하고 있다. 야곱이 애굽에 이르러 애굽 왕 파라오에게 "너의 나이가 얼마나 되느냐"는 질문을 받았을 때 그는 "제가 이 세상을 떠돌아다닌 햇수가 130년이 되었습니다. 제 조상들보다는 짧게 살았지만 고통스러운 삶이었습니다."(창47:9)라고 대답하였다. 히브리 기자도 스스로 자신들이 이 땅에서 나그네일 뿐이라고 고백하였다(히11:13).

불경이나 성경에도 나와 있듯이 이 세상에서의 우리 인간의 인생은 나그넷길을 걷는 길손과도 같은 존재들이다. 삶, 인생은 그저 다 스쳐 지나가는 바람과 구름과 같다. 인생은 그렇게 세월과 같이 덧없이 흘러가는 거다. 이러한 나그네 인생을 깨닫고 살아간다면, 모든 근심과 걱정, 욕망과 탐욕으로부터 자유로워지고 오히려 풍요롭고 여유 있는 삶을 살아갈 수 있다.

삶이란 여행은 내가 맞는다고 생각해온 신념과 고집을 하나둘 비워가는 과정이며, 예기치 못한 시련과 역경을 통해 오랫동안 절대적이라고, 옳다고, 중요하다고 생각해왔던 것들이 무너지고, 하나하나 물거품처럼 사라지고, 또 불가피하게 수정을 반복하며 살아갈 수 없다는 것을 깨닫게 해준다. 그러면서 우리가 얼마나 연약한 존재인지 깨우치게 되며 결국 온전한 겸손과 순종으로 나아가는 여정이다. 더 갖기 위해 발버둥 치는 것이 아니라, 가진 것을 끊임없이 내려놓을 수밖에 없는 여정, 그리고 마침내 감사함으로 홀가분하게 떠나는, 잘 죽기 위한 성장과 성숙의 여정이다.

슬기로운 인간생활

5. 운명은 바뀔 수 없는 것인가

운명(運命)은 바뀔 수도 있고
절대적일 수도 있다

참 쉽지 않은 것이 우리의 삶이다. '사주는 못 바꿔도 팔자는 바꾼다'라는 말을 한 번쯤은 들어봤을 것이다. 이 말의 의미를 알면 운명이 어떤 것인지 이해하는 데 많은 도움이 될 것이다. 사주는 내가 태어난 년(年), 월(月), 일(日), 시(時)로 죽어도 바뀌지 않는 것이며 팔자는 사주에 의해 결정된 나의 특성인데 내 마음을 바꾸면 팔자는 어느 정도 바꿀 수는 있다. 모든 것은 유전적, 환경으로부터 영향을 받은 내 생각으로부터 시작되는데 마음을 바꾸면 행동과 태도가 바뀌고, 행동과 태도는 습관이 되고, 습관은 우리의 인성이 되며, 인성은 우리의 운명이 되기 때문이다. 결국 우리의 운명이란 것은 생긴 대로 그냥 사는 운명이 될 수도 있고 원하는 운명을 위해 열심히 노력하면 조금씩 바뀌게 되는 것이다. 하지만 '내가 누구인지' '내가 원하는 운명적 삶이 과연 무엇인지'에 대한 해답을 구하지 못하고, 설령 어느 정도 답을 구했다 하더라도 행동으로 옮기는 용기와 열정이 그리 쉽지 않기에 우리의 삶이 어려운 것이다.

신들조차 거부할 수 없는 절대적인 힘으로 국가, 부모 등과 같이 이미 태어날 때 주어진 시작(국가, 부모 등)과 죽음 같이 결과가 정해져 있어 벗어날 수 없는 절대 운명은 숙명이다. 그러므로 우리 인간은 사실상 주어진 선택지에서 내 의지에 따른 선택적 과정 속에서 선택적으로 살아가는 것이다. 물론 주어진 선택지는 개인의 의지에 따라 선택이 불가한 하나밖에 없는 선택지도 있고, 살아가면서 내 의지에 따라 순간순간 선택을 할 수 있는 선택지가 있다.

주어진 선택지는 벗어날 수 없는 운명인 숙명(宿命)이고, 내 의지(사실 내 의지가 아닌 이기적 유전자에 의한 본능적 행위에 지나지 않는 것이겠지만)로 선택할 수 있는 것은 운명이다. 사실상 주어진 선택지에 내 의지는 없다.

흔히들 '다르다'와 '틀리다'를 혼동해서 사용하는 것처럼 운명과 숙명을 혼동하는 경우가 많다. 하지만 운명과 숙명은 분명히 다른 뜻이다. 운명은 의지로 바꿀 수 있지만, 숙명은 자신의 의지와는 상관없이 절대 바꿀 수 없는 것으로 숙명은 광의의 운명에 포함된다고 할 수 있다.

운명에는 태어나면서부터 주어진 유전적 특성과 환경이라는 절대적 상수(常數)와 후천적 변수(變數)라는 두 요인이 작용한다. 결국 운명은 후천적 변수가 있으므로 정해지지 않고 변하는 것이며, 삶에 희망이 있는 것이다.

몸부림쳐도 바뀌지 않는
절대적인 운명(常數)

삶에 대한 우리의 관점이 우리의 삶을 만들고 결정하며, 삶을 어떻게 정의하고 대하느냐에 따라 운명이 바뀐다고 하였다. 우리는 흔히 한 번뿐인 소중한 삶을 '절대적인 운명이란 없다'라는 말에 속아 인생을 낭비하는 헛된 삶을 살아 인생의 후반에 후회하며 고통스러운 삶을 살아가는 사람들을 종종 볼 수 있다. 우리 인생은 '절대적인 운명'적 요인인 태어나면서부터 정해진 것으로 바꿀 수 없는 상수(常數) 요인으로, '콩 심는 데 콩 나고 팥 심는 데 팥 난다'라는 것처럼 부모로부터 물려받은 유전자와 탄생일, 성별, 태어난 국가와 민족, 인종적 특징과 같은 개인적인 특성과 생로병사(生老病死) 등과 같은 생물학적 특성, 유무상생(有無相生), 흥망성쇠(興亡盛衰), 희로애락(喜怒哀樂)이라는 인간 삶의 섭리적 특성 등이 있다. 이러한 특성들은 개인이 아무리 거부한다고 해도 거부할 수 있는 특성의 것들이 아니다. 이러한 주어진 불변의 특성들이 어우러져 우리 삶을 만들고 이끌어 가는 데 지대한 영향을 미치므로 있는 자연의 섭리이므로 그대로 순응하며, 인정하는 지혜를 마음으로 터득한 사람만이 인생을 좌지우지하려고 하는 분노, 우리 삶에 부정적 요인으로 작용하는 전혀 쓸모없고 불필요한 분노를 털어낼 수 있다. 더구나 나쁜 일들이 고통을 주지만 삶을 살아가는 데는 쓸모 있는 역할을 한다는 점을 이해하는 사람은 자신에게 주어지고 처한 상황을 훨씬 의연하게 받아들일 뿐만 아니라, 그런 상황을 훨씬 지혜롭고 현명하게 견디어 내고 자기 삶을 한층 고귀하고 올바른 방향으로 이끈다.

개인의 자유의지와 노력에 따라
바뀌는 운명(變數)

우리의 자유의지와 노력으로 절대 바꿀 수 없는 절대적 운명이 우리의 선택보다 절대적으로 강하게 작용할 수도 있겠지만, 우리 운명은 분명 바꿀 수 없는 절대적 운명을 제외하고 개인의 자유의지와 노력에 따라 바뀔 수가 있다. 우리에게는 많은 선택이 가능하다. 우리는 자유의지를 사용하여 운명을 고상하고 밝은 쪽으로 바꿀 수 있다.

우리의 운명은 참으로 오묘하며 신비롭다. 운명은 시간(때)과 공간(상황), 사람에 따라 절대적으로 바뀌지 않을 것만 같은 운명이 쉽게 바뀌기도 한다. 운명을 주체적으로 바꾸려 하는 누군가가 아무리 노력해도 바뀌지 않던 운명이 본인의 의도에 상관없이 시간이 흐르거나 상황이 바뀌다 보니 저절로 바뀌게 되는 경우도 많다. 그래서 '인생은 요지경', '양지가 음지 되고, 음지가 양지 된다.'라는 말이나, '상전벽해'란 말이 생겨난 것 같다. 이렇듯 운명은 우리 의지와 시간과 공간이라는 것이 복합적으로 엮이면서 구름의 모습이 변하고, 바람의 방향이 달라지는 것처럼 오묘하고 신비롭기 때문에 우리 인간이 감히 운명이란 것이 바뀌는 것인지 바뀌지 않는지 이해하기가 어렵고 혼란스러운 것이다.

$$D(Destiny) = P(People, 人)[Genetic, Effort] *$$
$$T(Time, 天)[Inappropriate, Providential] *$$
$$C(Circumstance, 地)[Bad, Good]$$

운명이란 것은 인간이 태어날 때부터 가지고 태어나 유전적 특징과 살면서 노력의 정도, 시간상으로 시기적절한 시간인지 부적절한 시간인지, 환경이 좋은지 나쁜지에 따라 시시때때로 달라질 수 있다. 그래서 우리 주변을 살펴보면 운명을 주체적으로 바꾸려 노력하는 사람 중에서도 바뀌는 사람이 있는가 하면 아무리 몸부림쳐도 바뀌지 않은 사람이 있다. 본인들의 의도와 노력에 상관없이 시간이 지남에 따라 운명이 바뀌게 되는 사람이 있는가 하면,

그 어떠한 상황에서도 절대 운명에서 벗어나지 못하는 사람과 상황 변화에 따라 완전히 운명이 바뀌는 사람들을 마주하게 된다.

우리가 사는 세상은 시시각각 변한다. 그저 무심히 바라보는 세상이 고요한 듯 보일지라도 끊임없이 변화하고 있다. 물론 우리 인간도 시시각각 변화하는 존재여서 인간의 삶도 환경과 상황에 따라 끊임없이 변화한다. 현재의 삶이 불운하다 해서 영원히 그럴 것이 아니며, 지금 크고 작은 행운을 얻었다 해서 그 또한 영원한 것도 아니다.

결론적으로 우리의 운명은 개인의 노력에 따라 바뀌기도 하고, 절대로 바뀌지 못하기도 하지만 어쨌든 우리는 우리에게 주어진 자유의지와 지혜를 현명하게 사용하여 더욱 높은 에너지와 더 높은 진동을 만들어 내고 삶의 질을 높여야 한다. 우리가 삶의 질을 높이기 위한 운명을 바꿀 수 있는 네 가지 방법으로는 첫째, 자신의 운명에 대해서 알고, 둘째, 잘못된 과오와 허물, 습관을 고치며, 셋째, 끊임없이 선의를 가지고 선행을 쌓고, 마지막으로 겸손하고 매사에 감사하는 삶을 사는 것이다. 물론 이것은 간단하지만 실천하는 게 쉽지만은 않지만, 누구나 운명을 바꾸겠다는 의지와 노력만 있다면 누구나 실천할 수 있고, 실천하다 보면 운명은 조금씩 긍정적이고 좋은 방향으로 흘러가고 좋은 운명이 만들어진다.

PART 2.

인간은 무엇으로 사는가?

나를 살아가게 하는 것들

1. 사랑

성경에 보면 '믿음', '소망', '사랑' 그중에 제일은 사랑이라는 말이 나온다. 믿음이나 소망은 자주 '나'라는 차원에서 출발하지만 '사랑'은 '자기 보존 본능', '종족 보존 본능'이라는 이타적인 본질을 지니기 때문일 것이다. 삶의 근본적인 이유이자 인간을 살아가게 만들어 주는 최고의 가치가 사랑이다. 세상은 참 살만하고 아름답게 느껴지는 만들어 주는 것이 바로 사랑이다. 우리는 인생이라는 고난의 삶을 살아가는 동안 서로 위로하며, 격려하며 배려하며, 응원하며 도와주며, 사랑하며 살면서 삶의 기쁨과 감동을 느낀다. 그중 가족에 대한 사랑이 가장 널리 알려져 있고 수월하다. 인간이 살아 있음을 절실히 느끼고 가장 큰 행복을 느끼게 되는 순간은 사랑을 느끼는 순간이다. 사랑은 우리 인간을 살게 하는 가장 큰 힘이자 원동력이다. 사랑은 우리 인간이 자신을 초월하여 고양되는 그 순간 속에서 허락받는 최고의 감정으로 우리 인간의 삶에서 꼭 필요한 일부분이자 우리 자신을 그 어떤 가치 있는 위대한 존재로 만들어 주는 최고의 인식이다. 최고의 사랑은 언제 어디서나 우리의 영혼을 일깨워 준다.

사실 이들 사랑이 혼재 또는 복합적으로 작용하기도 하여 딱 잘라 명확하게 한정되게 규정할 수 없는 경우도 간혹 있지만 우리의 운명 흐름이라는 관점에서 핵심적인 성격에 따라 구분할 때, 우리 인간은 에로스(Eros) 사랑에 의하여 태어나고, 스토르게(Storge) 사랑에 의하여 양육되고, 필리아(Philia) 사랑에 의해 자라고 성장하며, 파토스(Pathos=Logis) 사랑에 의하여 회복되고, 아가페(Agape) 사랑에 의하여 완성된다. 동서고금을 막론하고 이 다섯 가지 사랑에 의해 지금껏 살아왔고 앞으로도 그렇게 살아갈 것이다.

에로스(Eros) 사랑

에로스적 사랑은 일반적으로 정욕적이고 육체적인 사랑을 말할 때 쓰는 말이다. 이 에로스 사랑은 자기 만족의 사랑을 말하고 감각적이고 순간적인 사랑을 말한다. 에로스 사랑은 첫사랑의 순수함이며 부부간의 사랑처럼 서로 마음이 통하는 사랑으로 마음이 통하는 사람과의 육체적인 황홀한 사랑이며, 애절하고 아쉬운 사랑, 우울하고 쓰라린 사랑이다. 그래서 TV 드라마나 영화, 소설 등에 나오는 대부분의 사랑이 에로스적 사랑들이다.

에로스는 천사의 날개를 달고 사랑의 화살을 쏘고 다니는, 아기 또는 미소년으로 그려지는 그리스 신화 속의 '사랑과 정욕의 신'이다. 우리에겐 라틴식 명칭인 큐피드(Cupido)로 더 잘 알려져 있다. 고대 그리스 세계에서 사랑이라는 관념 그 자체로 쓰이던 에로스는 그리스 신화 세계가 기독교로 대체되는 변혁을 경험하면서 '육체적', '관념적', 사랑으로 바뀌면서 통칭 사랑으로서의 에로스보다 고귀한 아가페적 사랑이 등장한 것이다. 지금 시대에 와서는 에로스와 연관되는 것은 그저 에로틱(Erotic)한 것이다. 사전적 의미로 에로틱하다는 형용사는 느낌이나 분위기 따위가 성적 욕망이나 감정을 자극하는 무언가로 정의하고 있으며 오직 육체적이고 관능적인 사랑으로 한정되고 만 것이다. 사실 그리스 신화를 보면 에로스적 사랑은 전혀 에로틱하지 않고, 오히려 플라토닉 사랑처럼 '정신(Psyche)'적인 사랑을 의미하지만, 어쨌든 에로스 사랑은 연인 간의 첫사랑과 부부간의 사랑을 나타내므로 우리 인간은 결국 에로스 사랑에 의해 태어난다고 할 것이다.

스토르게(Storge) 사랑

스트로게 사랑은 영원히 간직하고픈 사람과 나누는 소중한 사랑으로 일반적으로 정으로 주고받는 포근한 사랑인 부모와 자식 간 혈육의 사랑을 의미하며 가족, 혈육, 동족, 나라, 사제 간의 깨끗한 사랑이다. 특히, 사랑과 신뢰로 맺어진 가족은 자신을 지켜주는 든든한 버팀목이자 운명의 끈이다. 그러므로 서로 마음이 통하는 행복한 사랑이 있으며, 사소한 실수 정도는 애교로 넘길 수 있는 깜찍한 사랑이다. 스트로게 사랑의 어원은 고대 그리스어 '스토르게이(Storgay)'에서 나왔으며, 처음에는 가족이나 친구 같은 관계에서 시간이 흐르면서 서서히 무르익는 사랑의 감정으로 서서히 이루어지는 자기 개방으로부터 생기는 편안한 친밀감의 느낌을 중요시한다. 그래서 보통 대가족이나 서로 칭찬과 격려해주는 분위기의 가족들 사이에서 자랐거나, 안정적이고 우호적인 공동체 안에서 성장한 경우가 대부분이다.

스토르게는 혈족애(血族愛)를 의미한다. 부모와 자식 간의 피로 얽힌 사랑이다. 우리가 흔히 '피는 물보다 진하다'는 말들을 많이 하는데 이처럼 피는 물보다도 진하고 호르몬보다도 강하다. 그러므로 부모와 자식 간의 사랑은 그 어느 사랑보다 강하다. 부모와 자식 간의 사랑은 끊으려야 끊을 수가 없다. 그것은 인륜(人倫)을 넘어 천륜(天倫)이기 때문이다. 우정이나 애정은 상대방의 장점이나 매력 때문에 생기기 때문에 그 장점이나 매력이 사라지면 사랑은 소멸하거나 약화된다. 아름답던 애인이 추악한 불구자가 되면 그 애정은 고갈되지만 부모와 자식 간의 사랑은 변하지 않는다. 오히려 자식을 측은(惻隱)히 여기는 마음은 더욱 강해진다. 설령 자식이 불명예와 죄과(罪過)를 범한다 해도 부모의 사랑은 변하지 않고 한결같다. 가장 확실하고 가장 믿을 수 있는 것이 바로 부모의 사랑이며, 가장 순수하고 이기적(利己的) 욕망을 떠난 사랑이 부모의 자식에 대한 사랑이다. 물론 어찌 보면 자기 자식이기에 희생한다는 점에서 부모의 이기심에서 비롯된 것이라 할지라도, 부모의 아름다운 무조건적인 희생이 함께한 사랑이기에 그런 의미에서 '어머니의 사랑'이 사랑 중에서 최고의 위치를 차지한다. 그렇기 때문에 우리 인간은 스토르게 사랑에 의해 양육되는 것이다.

필리아(Philia) 사랑

필리아(Philia)는 그리스어로 친구 간의 우정 혹은 사랑을 의미한다. 필리아 사랑은 동일한 생각이나, 가치관, 감정을 소유한 벗들 간의 애정으로 친구와의 우정, 동료 간의 사랑, 사제지간(師弟之間) 또는 군신지간(君臣之間)과 같은 인간관계에서 비롯되는 사랑이다. 필리아의 경우, 어떤 대상에게 끌리는 마음, 그 대상이 잘되기를 진심으로 바라는 순수한 마음, 우정과 같은 의미로 사용되고 있는데, 이것은 육체적 사랑이 아닌 정신적 사랑으로서 친구나 동료, 인간에 대한 사랑으로 사회적 공감이나 교감, 연대감을 의미하고 있다. 그래서 단순히 순간적인 감정 수준을 넘어 '또 다른 나로 생각할 수 있을 정도로 인격적 친밀성을 전제로 하기 때문에 매우 넓은 의미의 사랑이라고 할 수 있다. 필리아 사랑은 오직 한 사람에 대한 가치 있는 사랑으로 존경과 믿음이 있는 감동적인 사랑과 정신적으로 하나가 되는 아름다운 사랑과 자신을 희생시켜 이뤄지는 용기 있는 사랑이 있다. 필리아 사랑은 비단 동급생이나 비슷한 나이의 친구뿐만 아니라, 선후배 사이, 사제 간, 군신지간, 부모·자식 간, 남녀 사이나 부부 사이에서도 폭넓게 나타날 수 있다. 그리스어 필리아는 영어권에서는 'Friendship'으로 번역되며, 우리 한국어로는 '정(情)든 사람'이라고 할 수 있을 것이다. 우리 인간은 사회적 존재로서 사회적 관계 속에서 자라고 성장한다. 또한 같은 사람으로부터 가장 많이 배운다. 특히 상식, 매너 같은 삶을 살아가는데 필요한 기본적인 개념들과 지식은 대인관계에서 배우는 것이 대부분이다. 같은 나이의 친구들과만 사귀는 것은 귀찮은 격식, 인사도 필요 없고 마냥 마음 편하겠지만, 소위 사회성이 선배나 연장자를 통해서 많이 형성되기 때문에 그런 사람은 세상 물정을 전혀 모르는 사람이 된다.

우리 인간을 행복하게 해주는 것으로 '좋은 관계'가 매우 중요하다. 가족, 친구, 공동체 등과의 사회적 관계는 매우 유익하여 우리 인간의 삶을 더욱 행복하게, 더욱 건강하게, 더욱 윤택하게 만든다. 그러므로 우리 인간은 필리아 사랑에 의해 자라고 성장하는 것이다.

파토스(Pathos) 사랑

　파토스는 고대 그리스어 Paschein(받다)에서 파생된 말로 근본적인 뜻은 '받은 상태'를 뜻하며 철학상의 용어로 '정념(情念)', '일시적인 격정'이나 '정열'이란 의미이다. 협의의 뜻으로는 특별히 '인간의 마음이 받은 상태'를 의미하며 광의의 뜻으로는 어떤 사물이 '받은 변화상태'를 의미한다. 유대교 신학자 헤셸(Abraham J. Heschel)은 "인간이 멸망해가는 것을 놔두지 않으시고 끝까지 구원하시고자 하는 하나님의 뜨거운 사랑을 '하나님의 파토스(Pathos)'"라고 표현했다. 이처럼 인간에 대한 신의 무한 사랑, 자녀가 속을 썩일 때 부모의 아픔의 사랑이 파토스 사랑이다. 파토스 사랑은 원래 수동적이고 가변적인 상태를 내포하며 인간의 마음이 받는 기분, 정서를 총괄하여 표현한 말이다. 아리스토텔레스의 윤리학에서는 욕정, 증오, 연민 노여움, 공포 등 쾌락 또는 고통을 수반하는 감정을 의미한다. 파토스는 각성적(覺醒的) 의식보다는 의식 밑의 근원적 충동에 더 관계를 맺고 있으며, 인간 존재의 존재 상황을 대표하는 것으로서 인간 존재의 근원성을 나타내는 것이라 할 수 있다.

　우리는 흔히들 인생의 '하프라인을 넘으면 목표가 아니라 목적이 보인다.'라고 한다. 젊은 시절에는 이루고 싶은 인생의 목표에 집중하지만 세월이 갈수록 현실과 이상 사이의 괴리를 느끼기 때문이다. 인생 경험이 많은 사람이라면 쉽게 현실과 타협하겠지만, 순수하고 여린 사람일수록 세상사 내 뜻대로 되지 않음에 고통받고 괴로워한다. 관리되지 않은 정원이나 밭을 보면 꽃보다 잡초가 더 무성하게 자라는 것처럼, 착하고 순진한 사람보다 악하고 약삭빠른 사람들이 더 성공하고 번성하는 세상처럼 느껴지기도 한다. 이쯤 되면 인간은 자기 존재에 대한 의문과 함께 삶의 의미를 찾지 못해 방황하고 일탈하고, 자살까지 감행하기도 한다. 인생의 한계를 인식하고 인생의 유한함과 한계를 통찰하며 '사느냐 죽느냐, 그것이 문제로다' 하며 고민하는 이때 우리 인간의 삶의 의미를 회복시켜 주고 다시금 삶에 대한 열정을 되살려 주는 것이 바로 신으로부터의 '구원받음', 부모님으로부터 '헌신', 주변 사람들로부터의 '연민' 등과 같은 파토스적 사랑이다. 우리 인간의 가슴을 뜨겁게 하고 눈시울을 적시게 하는 사람이나 사건은 대개 파토스와 관련이 된다. 자신의 목숨을 걸고 다른 사람을 구하려 하거나 구한 사람의 이야기를 들으면 누구나 가슴 깊이 감동하게 된다. 이처럼 우리 인간은 파토스 사랑으로 삶을 회복한다. 사랑은 인간의 삶에 있어서 가장 아름답지만 때론 사랑으로 처절한 희생을 감수해야만 한다.

아가페(Agape) 사랑

아가페(Agape)는 사랑을 뜻하는 그리스어 낱말 중 하나다. 고대 그리스에서 현재까지 여러 가지 의미로 사용되어 왔지만 일반적으로 거룩하고 무조건적이고 헌신적인 사랑을 뜻한다. 아가페적 사랑은 이타적인 사랑으로 아무런 조건 없이 상대에게 주는 사랑이며, 조건 없이 배려하고 일방적으로 제공하는 타인 중심적인 사고방식으로 '나'를 내어 주는 희생적인 사랑이다. 아가페는 쉽게 말해 '절대적인 사랑'이자 '영원한 사랑'이다. 그러므로 아가페 사랑이야말로 최상의 사랑으로 우리 모두가 추구해야 할 가장 고상하고 고귀한 사랑이라고 말한다. 아가페 사랑을 대표적으로 보여주는 것이 인간에 대한 신의 사랑과 신의 희생, 자식을 위한 부모의 희생적 사랑이다. 진정한 사랑은 자기희생과 봉사, 가족을 위해서 자기를 희생하는 것이다. 아가페적 사랑은 이해와 양보와 존중, 그리고 희생으로 만들어지는 것으로, 항상 행위로 보여짐으로 우리의 삶을 더욱 행복하게, 더욱 건강하게, 더욱 윤택하게 만든다.

이와 같이, 우리가 태어나서 죽을 때까지 삶을 지탱하고, 삶을 유지하게 하는 것이 아가페 사랑이요, 삶을 완성해주는 것도 아가페(Agape) 사랑이다.

2. 미래 운명에 대한 무지(無知)

미래의 운명을 알 수가 없다

우리는 삶에서 일어나고 일어나게 될 일들이 왜 일어나는지, 거기서 어떤 좋고 나쁜 결과가 나올 수 있는지 거의 알지 못한다. 우리 인간의 이해에는 한계가 있기 때문에 표면적으로 보기에는 좋은 일이 나쁜 일로 연결되기도 하고, 나쁜 일이 더 큰 좋은 일로 이어지기도 한다.

우리 인간은 미래에 대한 환상과 기대 속에서 살아간다. 하지만 미래를 안다는 것은 우리 인간의 행복한 삶을 만들어 가는 데 있어서 그다지 소용이 없다. 미래는 실망스러울 뿐이고 그 실망스러운 사실을 안다는 게 무슨 소용인가? 우리 인간의 삶이 '고행과 공허'라는 사실을 알게 되는 것보다는 차라리 아무것도 배우지 못하는 것이 낫지, 실제 현실로 다가올 미래에 환멸하고 고문당하기보다는 그 모든 걸 모른 채로 짧은 한평생을 살다가는 편이 훨씬 낫다. 그래서 예부터 '아는 것이 병이다.', '모르는 게 약이다'란 말이 있지 않을까 싶다. 우리 선조들은 우리보다 행복했다. 인간은 아는 것이 적을수록 행복한 법이다. 원시인은 그의 상상력이나 주변 환경과의 조화로운 감각을 넘어서는 의문 따윈 애초에 품지 않았다. 자신을 분석하고 자신의 운명을 알고자 고통스러워하지도 않았다. 그저 살아가면서 매분 매초 경험하는 것들로 충분했다.

한 치 앞을 모르는 게 인간의 운명이다

그 누구도 막론하고 한 치 앞을 알 수 없는 게 우리의 운명이다. '미래를 안다면 닥쳐올 불행을 피할 수 있고 후회할 일도 하지 않으리라' 생각하겠지만 누군가가 앞날을 예견해 진실을 말한다고 해도 상황은 크게 달라지지 않을 것이다. 설령 다 안다고 하더라도 인생은 재미없는 무미건조한 삶이 되어 버리고 말거나 미래에 대한 공포나 두려움에 평화롭고 안정적인 삶을 살지 못하게 될 것이다.

어떤 사람이 매우 고생한 끝에 크게 성공하였다. 그런데 그 성공의 기쁨을 제대로 누리기도 전에 암에 걸려 1년밖에 못 살게 되었다. 그러자 주위 친구들이 병문안을 와서 그를 보며 안쓰러워하며 위로하였다. "그동안 많은 고생 끝에 이제야 인생이 피나 했는데 시한부 인생이라니 정말 안타깝구나" 그런데 병문안을 갔다 온 친구 중 한 명이 병문안을 하고 집에 돌아가는 길에 교통사고를 당해 그 자리에서 세상을 떠나버리고 말았다. 그러니까 사고로 죽게 된 친구 입장에서 보면 자신은 겨우 하루밖에 못 사는데 친구가 1년밖에 못 산다고 안타까워하면서 위문을 한 셈인 것이다. 다른 사람의 죽음을 위로하다 바로 자신이 죽음에 맞닥뜨릴 수도 있는 것이다. 이렇듯 한 치 앞을 모르는 게 우리 인간의 운명이다. '인간만사 새옹지마(人間萬事 塞翁之馬)란 말을 한 번쯤은 들어봤을 것이다. 세상의 좋고 나쁨을 예측할 수 없다는 뜻으로 좋은 일이 생겼다고 너무 자만할 것도, 불행한 일이 생겼다고 너무 낙심할 것도 없다는 말이다. 살다 보면 먹구름 뒤에 햇볕이, 햇볕 뒤에 먹구름이 몰려올 수 있는 것처럼 우리 인생도 변화무쌍하므로 눈앞에 벌어지는 결과만을 가지고 너무 연연해할 필요도 없다. 내일 무슨 일이 벌어질지 알 수 없으며 우리 손에 달려 있지도 않다. 예측 불가능하고 모순적이고 비합리적인 우리 세상에서는 '무엇이든' 일어날 수 있다. 영원히 살 것처럼 오늘을 허투루 보내지 말고 오늘만 살 것처럼 삶을 살고 즐기는 것이 유익하고 바람직한 삶이다. 그러니까 오늘을 마지막처럼 최선을 다하다 보면 내일 죽어도 후회 없는 인생을 살 수 있게 된다. 영원히 살 것처럼 소중한 오늘을 허투루 보내고 있지는 않은지 자신을 냉철히 돌아볼 필요가 있다. 우리 인생은 한 치 앞을 알 수 없기에 오늘 최선을 다해야 하고, 그 마음을 잃지 않아야 내일 죽어도 후회 없는 인생을 살 수 있다. 그리고 이런 나의 최선이 단순히 재물이나 성공, 명예를 위한 것이라면 결코 진정한 행복을 얻을 수가 없다. 세상에서 추구하는 행복을 맹목적으로 따르는 것보다 스스로 만족하는 삶을 살아가는 것이 비로소 좋은 인생이라 할 수 있다.

희망을 품고 살아간다

우리 인간은 무려 40일간 먹지 않고도 살 수 있으며, 사흘 정도는 물을 마시지 않고도 살 수 있으며, 사람마다 다르지만, 심지어 8분 동안 숨을 쉬지 않아도 살 수 있다고 한다. 하지만 삶에 대한 희망이 없으면 단 1분, 1초도 살 수 없는 존재이다. 실제 우리가 삶에 대한 희망이 없다고 생물학적으로 단 1분, 1초도 살 수 없진 않겠지만, 이는 희망이 없으면 숨을 쉬고 살아 있어도 온전히 살아도 사는 것이 아니라는 의미일 것이다. 우리는 매일 내일은 오늘보다는 더 나아질 것이라는 희망, 성장하고 발전할 수 있다는 희망을 품고 살아간다. 비록 상황이 크게 나아지지 않는 것에 낙담하며 좌절하면서도 언제나 희망을 잃지 않는다. 희망의 끝이 희극이라는 데는 의심의 여지가 없다. 그리스 신화에서 인류의 모든 불행이 담겨 있었던 '판도라의 상자'에도 마지막으로 남겨진 것은 바로 '희

슬기로운 인간생활

망'이었다. 희망은 역설적으로 고통을 이겨내는 인내와 남을 위한 살신성인의 봉사 등의 큰 뜻도 내포되어 있다.

아무리 인공지능이 발달한다 해도 우리 인간만이 가질 수 있는 두 가지가 삶의 존재 의미와 희망이다. 우리 인간은 모두 희망을 품고 살아간다. 하지만 굳이 희망이 없다고 삶의 의미가 없다고 생각하지 말아야 한다. 그저 후회 없이 삶을 온전히 살아 내기만 하면 된다. 우리에게 주어진 것을 우리에게 주어진 시간 동안 최대한 이용하여 살면 될 뿐이다. 우리는 항상 지금 바로 이 순간 주어진 삶을 살아감으로써 그리고 오감과 그에 수반되는 감정에 한껏 몰두하여 삶을 음미함으로써 삶의 의미를 발견한다. 희망이란 인간이 생존할 수 있는 정신적 에너지이며, 살아가는 동안 우리 인간을 일상 너머로 올려다 주는 힘이며, 우리 삶에 대한 의지를 북돋아 주는 아낌없는 자양분이며, 가장 힘들고 어려운 역경들을 극복할 수 있도록 우리를 일으켜준 힘이다. 희망이라는 불가해한 힘은 인간의 삶에 식을 줄 모르는 관대함으로 살아갈 만한 이유를 제공해준다.

3. 우주와 자연의 무한한 은혜

삶에 필요한 모든 것은
우주와 자연에 있다

우리 인간이 살아가기 위해서는 의(衣), 식(食), 주(住)가 필요하다. 그중에서도 지속해서 살아가기 위해서 절대적으로 필요한 것은 음식이다. 우리는 모두 본질적으로 음식에 의존하여 살아가고 있다. 삶에 필요한 모든 것(햇볕, 공기, 물, 바람, 흙, 불 등)은 우주와 자연에 있다. 우리는 그저 자연에 등 기대고 살면 먹는 거 입는 거 자는 거 다 해결이 되게끔 되어 있다. 문명과 과학, 종교가 생기면서 우리 인간은 인간중심의 진보를 맹신하게 되었다. 생태계는 인간이 주체가 아닌 자연과 사회적 세계의 변화와 생성의 과정이다. 따라서 다른 생명체와 구분되거나 특권을 보유하지 않는 인간과 비인간의 공생적 생태 배치로 보는 전일적(全一的)인 사유 방식을 가지는 것이 중요하다. 왜냐하면 삶에 필요한 모든 것을 제공해주는 곳이 바로 생태계이기 때문이다. 우리 인간의 삶의 문제도 이러한 생태계와의 공생관계에서 찾으면 도움이 될 것이다.

우리 인간은 다른 존재(우리가 삶을 이어 나가기 위해 섭취해야 하는 동식물)의 고통과 죽음에 기대어 살아간다. 특히 살아 있는 다른 존재들이 어느 단계에 다다라 죽음을 맞이하지 않는다면 인간의 삶이 어떻게 유지가 될 것인지 상상하기도 쉽지 않다. 고상하게 이야기하면 우주와 자연의 살아 있는 모든 존재는 자신과 다른 살아 있는 존재가 새롭게 나타날 수 있도록 자리를 만들어 주기 위해 끝을 맞이하는 것이다. 그러므로 우주와 자연의 모든 존재는 '죽기 위해 사는 것'이고, '살기 위해 죽는다'라고 할 수 있다. 다시 말해 다른 무언가가 아니라 그 자체를 위해 존재하는 것이다.

우리가 소위 말하는 '먹이 사슬', '약육강식과 적자생존'이 말만 들어도 치열함과 살벌함이 느껴지지만, 사실은 우주와 자연의 무한한 은혜의 결과이자 '우주와 자연 속 모든 존재의 궁극적인 삶과 죽음의 의미'라고 볼 수 있다. 우주와 자연은 모든 존재에게 계속 반복되는 삶과 죽음의 순환시스템을 제공하는 무한한 은혜를 베풂으로써 자신의 영속성도 유지해 나가고 있다. 자연은 언제나 인간이 세상을 살아가는 데 필요한 물질적, 정신적인 필수 불가결의 모든 것을 아무런 대가도 받지 않고 무상으로 제공해주고 있다. 마치 인자하신 어머니가 자식에게 자신이 가진 모든 것을 아낌없이 무한정 베풀어 주듯이 말이다. 이처럼 자연이 주는 무한한 은혜를 받아서 적절하고 올바르게 사용하면 인간의 삶은 풍요롭고 윤택해 진다. 그러나 자연이 주는 은혜를 남용하거나, 오용하면 거기에 상 응하는 대가를 반드시 치르게 된다. 자연은 물과 흙, 나무와 바위 등으로 이루어진 단순한 유기체가 아니라 유기적으로 연결된 하나 의 커다란 생명체며 영원히 살아 있는 모든 생명체의 보금자리다. 자연에는 만물이 소생하고 사멸하는 자연현상만이 아니라 시가 있고, 음악이 있고, 예술이 있고, 사상이 있고, 종교가 있다. 즉, 자연은 우리 인간의 모든 것을 품고 있으면서 아낌없이 주는 고마 운 존재다. 인류 역사상 위대한 사상이나, 예술, 종교는 인간이 만 든 교실에서가 아니라, 때 묻지 않은 대자연 속에서 움트고 자랐 다. '엄마 손은 약손'이라고들 한다. 어린아이가 엄마의 품에서 고 통과 상처가 치유되듯이, 우리 인간은 자연의 품속에 안기어, 자 연의 소리를 듣고 자연과 함께 살아갈 때 의술의 힘으로도 치료하 지 못하는 각종 병을 기적처럼 낫게 한다는 사실들을 직간접적으 로 많이 듣고, 보아 왔다. 현대인들이 가장 많이 앓고 있는 정신질 환인 노이로제는 약물 치료로는 치유가 어려운 문명의 병이다. 하 지만 자연과 더불어 살아가는 것만으로도 정신 상태는 자연스럽 게 제 기능을 하게 된다. 우리는 자연과 함께 살아갈 때 '어떻게 사는 것이 과연 인간다운 삶인가'에 대한 나름의 해답을 스스로 깨우치게 된다. 자연은 말없이 우리 인간에게 많은 깨우침과 가르 침을 준다. 자연 앞에서는 우리가 알고 있는 얄팍한 지식 같은 것 은 매우 미약할 수밖에 없으므로 자연 앞에서는 겸허해질 수밖에

슬기로운 인간생활

없다.

자연은 가까이할수록 많은 걸 준다. 삶을 살아가는 지혜를 가르쳐주기도 하고 건강도 주고, 마음을 편안하게 해준다. 우리는 자연이 말없이 주는 무한의 축복을 잊고 살고, 잘 알지도 못하면서 무엇인가를 정의하고 분석하는 오류를 수없이 반복한다. 우리 인간의 숙명적인 한계이지만 어쩔 수 없는 삶의 과정이기도 하다. 모든 생명은 자연의 이치를 따르게 되어 있다는 평범한 진리를 받아들이는 순간 마음의 평화가 시작된다. 그러므로 매사에 만물에 감사하며, 살아있음에 감사하자. 우주와 자연이랑 친해질수록 우주의 섭리와 자연의 원리를 잘 이해하고 깨닫게 되고 우리의 삶이 더욱 충만하고 윤택해지며, 쉽고 편안해질 수 있다.

우주의 섭리에 순응하며 살아간다

우리는 살아가면서 마주치는 변화무쌍한 언어적, 실질적, 경험적 맥락을 무시한 채 삶에 대해 관찰하고 이해할 수 있다고 가정하고 거기에서 삶의 해답을 찾고자 노력하기 때문에 삶이 힘들고 고통스럽다고 느낀다. 우리는 삶을 대하는 기본적인 질문과 철학적 접근 방식들이 잘못된 문제들에 불과하다는 사실을 깨닫지 못한다. 만약 삶이라는 것이 밝혀지고 마침내 우리의 삶에 어떤 문제도 어떤 의미도 존재하지 않는다는 사실을 이해하게 되고 그것을 곧이곧대로 맞이한다면 우리의 삶은 더 이상 필요하지 않게 될 것이다. 하지만 삶이라는 것은 철학적이지도 해답이 정해져 있는 것도 아니다. 삶이라는 것은 동서고금을 막론하고 부단한 노력에도 불구하고 해답을 찾지 못하였고 설령 인간이 불멸성을 가진다고 하더라도 삶의 수수께끼는 해결되지 않을 것이며, 앞으로도 지금까지와 마찬가지로 명확한 해답을 찾을 수는 없을 것이다. 설령 인간이 삶에 대한 명확한 해답을 찾았다 한들 우리 인간은 그냥 주어진 삶을 우주의 섭리와 자연의 이치에 따라 살아갈 수밖에 없다. 왜냐하면 우리 인간의 자기 보존본능과 종족 번식본능이 우리 삶을 근본적으로 지배하고 있기 때문이다.

결국 우리 인간이 추구해야 할 것은 주어진 삶을 어떻게 진실하고 행복하게 살아갈 것인가에 대한 현존의 삶을 스스로 가치 있다고 느낄 수 있도록 삶을 만들어 가는 것이다. 우리는 삶을 즐기는 동안에는 삶에 대한 그 어떠한 의문도 제기하지 않는다.

동물들은 막연히 삶을 살아가고 먹고, 마시고, 자고, 번식하는 것 외에는 아무것도 생각하지 않는다. 사실 우리 인간들은 이러한 짐승들의 삶을 끔찍하다고 여기곤 하는데 우리 인생도 사실 그다지 다를 바가 없다. 정말로 행복한 삶을 살고 싶다면 짐승처럼 자신을 내려놓고 생각을 멈추고 우주의 섭리에 순응하며 지금, 이 순간을 살아가면 그만이다. 다시 말해 행복을 원한다면 세상과 조화를 이루며 살아가면 되는 것이다. 물론 행복하고 조화로운 삶을 구별하는 객관적인 표지 따위는 존재하지 않지만, 세상과 조화를 이루며 살아가는 것은 자신이 의지하는 존재의 의지를 실천하는 것을 의미한다.

PART 3.

인간은 왜 사는가?

삶의 본질적/근원적 목적

1. 행복은 삶의 목적이 아니다

우리는 왜 계속 살아야 합니까?

우리 인간은 자신의 존재 이유를 알아야만 한다고 생각하는 '별난 동물'로 오랜 세월을 거쳐 진화해 왔다. 따라서 우리는 상당한 고통이 뒤따르더라도 그 목적을 이해하고 받아들일 수만 있다면 기꺼이 고통을 견디고자 한다. "인간은 왜 사는가?"에 대한 대답을 찾고자 한다면 "인간은 왜 계속 살아야 하나?"에 대한 근본적이며 현실적인 대답을 찾는 데서 시작해야 할 것이다. 인간은 어째서 삶의 의미를 '삶' 그 자체가 아닌 외부에서 찾으려 할까? 사실 우리가 살아가는 '삶'에 있어서 많은 이들이 추구하고 바라고 삶의 원동력이라고 생각하는 외부에서 찾고자 하는 삶의 의미란 것은 사실 존재하지도 않을뿐더러 그다지 중요하지도 않다. 외부에서 찾는 삶의 의미를 추구하고 살다 보면 결국 만사가 허무할 뿐임을 알게 될 것이며, 왜 계속 살아야 하나? 라는 고뇌에 봉착하게 된다. 우리의 삶을 지탱하고 억누르고 있는 외부에서 찾고자 하는 삶의 의미는 존재하지 않으며 환상임을 알아야 한다. 살고자 하는 욕구는 그저 유전적 결과일 뿐이며 우리 삶에 있어서 확실한 것은 '생존'과 '번식'이라는 삶의 현실이 전부라는 사실 뿐이다. 또한 삶에 있어서 슬픈 현실이 '죽지 못해 산다'라는 것이다. 많은 인간이 자살을 생각하지만 실제로 목숨을 끊은 이들은 거의 없다. 하지만 그것이 자살을 생각하게 만든 어떤 원인이 해결되었거나 고상한 생각 때문이 아니라 죽음에 따르는 고통의 실재성 때문에 삶이 힘들고 고통스럽더라도 그냥 살아가는 것이다. 모든 생물체가 그렇듯이 우리 인간은 살고자 하는 의지보다 죽음에 대한 극한 심리적 공포, 두려움과 육체적 고통을 회피하고자 하는 '사회적 본능'을 가지고 태어났다. 또한 관습과 전통, 법적 제도하에서 이 땅에 태어난 사람들은 죽지 않고 반드시 살아야 한다는 믿음이 뿌리 박히게 된다. 그러니 어차피 태어나 죽지 못해 살게 될 바에는 차라리 하루하루를 웃으면서 살아 있음에 기쁨과 행복을 느끼며 살아가야만 하는 것이다.

좋은 차(태어남)를 타고서 좋은 사람(가족, 친구)과 함께 멋진 곳을 여행(삶)하면서 기쁨과 행복을 느끼며 여행을 안전하고 즐겁게 누리면 그만인 것을 굳이 차는 어떻게 만들어졌으며 어떤 구조로 굴러가고, 여행을 왜 해야 하며, 어떻게 하는 것이 의미가 있는지 등을 생각하느라 즐거운 여행을 망칠 필요는 없는 것처럼…

우리 인간의 존재 목적, 인간이 추구하는 행복이 우리 삶의 목적이 아닌 것은 매우 명백하다. 인간의 존재 목적이나 인간이 추구하는 행복이 우리 삶의 목적이었다면 우리가 사는 세상은 지금과는 매우 다른 모습일 것이다. 우리가 행복을 추구하기 위해 산다고 믿는 것은 근본적인 판단의 오류일 뿐이다.

우리가 왜 살아야 하는가? 라는 삶의 의미에 관해 질문할 때 우리는 우리가 정확히 무슨 질문을 하고 있는지조차 제대로 이해하지 못하는 것 같다. 놀랍지 않은 이유가 어떤 질문에 대한 가능한 대답이 존재하지 않는다면 그 질문 자체가 그만큼 모호하고 불명확할 수밖에 없기 때문이다. 이러한 질문은 삶에 대한 근원, 본질을 묻는 것 같아 뭔가 거창한 대답을 해야 할 것 같은 느낌을 주기에 대부분 사람들은 그에 대한 답변을 쉽게 하지 못한다. 왠지 '그냥'이라고 대답하기엔 삶의 의미가 없어 보이고, 가벼운 대답만큼이나 내 삶이 가볍게 취급받는 것 같은 느낌이 들기 때문이다. 하지만 결론부터 말하자면 살아가는 것엔 '왜?'가 없다. 그냥 여느 생명체와 같이 자연 일부로서 태어났기에 살아가다 죽는 것뿐이다. 단지 자연의 일부로 존재하기 때문에 존재할 따름이다. "왜 사는가?"에 대한 답변은 저마다 다를 것이다. 인생에 대한 정답도 없기 때문에 이에 대한 답변은 문제 풀듯이 생각한다고 얻어지는 것이 아니다. 그것은 자기 해소, 일련의 깨달음이다. 그렇기 때문에 오직 자기 삶을 치열하게, 열심히 살아본 자만이 얻을 수 있을 것이다.

우리는 삶의 문제가 소멸할 때 삶의 문제가 해결된다는 것을 알아야 한다. 삶의 의미를 발견하려면 우리는 삶의 의미에 관해 논하느라 시간을 낭비하지 말고 대신 의미 있는 삶을 살아야 한다. 이런 식으로 그냥 삶을 살아가는 것은 맹목적으로 삶을 살아가는 것과는 분명히 다르다. 문제를 단순히 외면해야 한다는 말이 아니다. 오히려 문제를 더 이상 문제로서 느끼지 않을 줄 알아야 한다는 뜻이다.

삶이 그대를 속일지라도…

'삶이 그대를 속일지라도
슬퍼하거나 노여워하지 말라.
슬픔의 날 참고 견디면
기쁨의 날이 오리니
마음은 미래에 살고.
현재는 언제나 슬픈 것
모든 것은 순간에 지나가고.
지나간 것은 다시 그리워지나니.'

푸시킨(Александр Сергеевич Пушкин, 알렉산드르 세르게예비치 푸시킨)은 우리에게 슬픈 날을 참고 견디면 즐거운 날이 오게 되고 누구나 미래를 바라는 마음이 있어 현재는 우울할 수밖에 없다고 말한다. 또한 푸시킨은 모든 것은 지나고 나면 다 그리움이 되기에 모두 가치와 의미가 있다고 말한다. 푸시킨은 절망, 고통, 이별, 기쁨, 재회가 공존하는 삶의 본질을 받아들여 순응하지 않으면 인간은 균형을 잃고 죽음을 만나게 된다고 노래하였다. 인생의 본질과 인간의 의식 깊숙이 자리 잡은 근원적 고독에 대한 성찰을 조금은 감상적으로 노래하고 있지만, 현재까지도 많은 사람에게 삶의 고달픔을 간명하고 아름답게 위로해주고 있다.

사실 평범하게 살아가는 것도 매우 힘이 든다. 살면서 어떤 어려움도 없이 살아갈 수만 있다면 얼마나 좋을까 하고 다들 생각하겠지만 살면서 전혀 생각지도 않았던 일, 원하지 않았던 일, 준비하지 못했던 일들이 시시각각 우리의 삶을 뒤흔든다. 우리의 선택이 우리의 삶을 결정하지만 우리는 무엇을 알고서 선택하지는 못한다. 그저 최선이라 생각하고 선택하며 최선을 다해 살아가지만, 그 길이 내가 원했던 방향이 아니라 전혀 생각지도 못했던 방향으로 가는 경우도 너무나 많다. 그럴 때마다. 자신의 선택을 후회하며, 자신이 그동안 최선을 다해 살아왔던 것에 배신감을 느끼며, 속상해하기도 하며, 삶을 원망하며, 인생에 회의를 느끼기도 한다. 나름대로 최선을 다해 열심히 살아온 것 같은데 거기에 대한 대가는 너무 미미하니, 삶이 우리를 속인 것은 아닌지 심한 회의가 드는 것이다. 지나온 세월은 슬퍼하고 후회한다 한들 절대로 다시 돌이킬 수는 없다. 그래도 우리가 슬퍼하거나 노여움에 좌절하지 않는 것은 삶은 일방적이지만 않다는 것에 있다. 좋은 일로만 가득 찬 인생도 없지만 어려움만 존재하는 인생도 없으며, 어려움이 없

　　　　　　　　　　　　슬기로운 인간생활

었다면 어려움을 극복할 때 느끼는 기쁨을 모르고 인생을 끝낼 수도 있다. 누구에게나 어려움이 닥치면 달갑지 않지만 어려움이 없이 살아가는 사람은 단 한 사람도 없기에 그 어려움을 이겨 내다보면 거기에 상응하는 기쁨이 우리에게 주어지는 것이다. 삶을 사는 동안 가장 기뻤던 순간을 떠올려 보라. 아이러니하게도 그 순간은 가장 힘든 일을 극복했을 때가 될 것이다. 그 힘든 과정을 단 한순간도 버티지 못할 것 같았고, 그냥 포기하고 주저앉고 싶은 마음이 간절했겠지만, 끝나지 않을 것 같았던 그 시간을 그저 하루하루를 힘겹게 버티고 나면 눈물이 날 정도로 기쁜 순간이 찾아온다. 그러기에 설령 삶의 의미가 일순간 스쳐 가는 아름다움 그 이상이 될 수 없다고 해도(뭐가 더 있긴 한지 의문스럽지만) 그걸로 족하다. 빗물 속에서 거닌다거나 바람을 맞으며 나아가는 시간, 햇빛을 받으며 눈길을 산책하는 시간, 어둠 속으로 스러져 가는 저녁노을을 지켜보는 시간만으로도 삶을 사랑하고 행복을 만끽할 이유는 차고 넘친다. 아침에 눈을 떴을 때 좋은 일이 일어나길 바라기보다 그저 아무 일 없이 별일 없이 산다는 것에 감사하고 행복해하면 그만이다.

우리가 사는 세상에는 물리적으로나 도덕적으로나 많은 악이 존재하고 있다.

우리는 온 세상이 악으로 만연해 있고 나 자신이 그 악의 표적이 될 수도 있다고 생각하면 그만이다. 그렇다고 해서 세상에 적의를 느끼고 노발대발할 필요도 없고 세상을 등질 필요는 더더욱 없다.

삶이 당신을 속이고, 삶이 장난처럼 느껴진다 해도 삶이 장난이라는 사실을 바꿀 수 없다면 장난에 맞춰 즐기는 것이 살아가는 데 있어서 최선의 전략인 법이다.

어찌 보면 우리가 사는 이 세상은 이미 세팅되어 있는 우주와 자연이라는 무대 속에서 하나의 생명세계 속의 한 개체로써 어쩔 수 없이 참여하는 등장인물 중 하나로 주어진 역할을 수행해야만 한다. '온 세상은 하나의 무대'와 같다. 우리는 그 무대 위에서 여러 다양한 역할을 수행해야만 한다. 물론 모든 역할은 다른 누군가가 정해주는 것(운명)이기 때문에 우리가 맡고 싶은 역할을 선택할 수는 없다. 하지만 연극이 지속되는 한 편안하게 즐기는 마음으로 자기가 맡은 역할을 최선을 다해 수행하지 않을 이유는 없다. 왜냐하면 연극이 진행되는 동안 맘껏 즐길 것들은 풍성히 존재하기 때문이다. 그래서 세상은 넓고 할 일은 많다고 하지 않는가? 우리는 그냥 주어진 인생을 즐기면서 행복을 만끽하고 살면 될 뿐이다.

우리가 행복을 느끼는 데는 많은 것이 필요하지 않다. 그저 행복을 적절한 곳에서 찾기만 하면 된다. 아니 그냥 주어진 것에서 행복을 누리기만 하면 된다. 굳이 어렵게 지성이나 상상 속에서 찾으려 하지 말고 주변의 모든 사물, 가족, 친구 등 주변의 모든 지인과의 함께 하는 삶에서 행복을 찾아 느끼면 된다. 살면서 세상에서 더 나은 무언가를 얻을 수 없고, 행복을 찾지 못한다고 생각한다면 그냥 적어도 살아 있어서 행복하다는 사실을 잊지 말자.

2. 생존

밥은 먹고 사냐?

우리는 아직까지도 오랜만에 만나면 "밥은 먹고 사냐?"라는 인사를 하곤 한다. 그만큼 우리 삶에 있어서 먹고사는 문제는 가장 중요하다 할 수 있다. 굶주림이 한 인간 내면의 가장 위대한 것을 이끌어 낸다고 흔히들 말한다. '금강산도 식후경' 배부르고 등 따시면 왕이 부럽지 않다. 부자나 가난한 사람이나 모든 인간은 하루 끼니면 족하지 아니한가? 누구도 황금 밥을 먹지 않는다.

인생의 가치는 한순간의 기쁨이나 행복, 내일의 사소한 희망에 있지 않다. 인생의 가치는 '생존' 그 자체에 있으며, 내일의 희망도 '생존'에 있다. 단지 우리 인간은 지금보다 세상을 더 잘 이해하려고 시도하기 위해서(사실 이것 또한 인간의 생존력을 높이기 위한 본능일 뿐) 인생은 살 만한 또 다른 큰 가치가 있다고 생각하고 그 생각을 굳게 믿어 왔을 뿐이다. 하지만 현실은 우리 인간의 삶과 활동의 모든 근원은 항상 '생존' 그 이상도 그 이하도 아니었다. 그냥 태어나 존재하기 때문에 죽는 날까지 존재하기 위해 최선을 다하는 것이다. 좋아하는 사람들과 함께 좋은 곳에 놀러도 다니고 싶고, 하고 싶은 것도 많지만 먹고사는 게 우선이다. 이것만 깨우쳐도 헛된 것에 인생과 감정을 낭비하지 않고 온전한 삶과 행복을 추구할 수 있다. 물론 먹고 사는 것이 우선이지만 일과 삶을 조화롭고 균형 있게 추구하는 것이 최고의 삶이라 할 수 있다. 먹고 사는 것을 뒤로 미루고, 좋아하는 사람들과 좋아하는 일, 하고 싶은 일만을 하는 것은 인생 후반에 엄청난 고난과 시련을 겪게 되고 인생이 불행해질 수밖에 없다.

왜 사느냐고 묻는다면? 그저 웃지요

인생이란 결국 생존을 위한 한바탕의 야단법석일 뿐이다. 그러니 웃을 일을 만들고, 그저 웃으면서 살아가면 되는 것이다. 가능한 한 웃고 사는 것에 최선을 다하자 아무것도 심각하게 받아들일 필요가 없다. 지금 당신이 어찌할 수 있는 일은 확실히 아무것도 없기 때문이다. 그저 태어났으니 사는 거지 무슨 이유가 있어서 사는 게 아니다. '뭔가를 구하려' 하지 말자, 간절히 구할수록 오히려

슬기로운 인간생활

인생은 힘들어질 뿐이니까. 그러니 굳이 '삶의 의미'를 구하려 하지도 말고 '하나의 이상'에 헌신하지 마라. 그건 마치 오아시스처럼 보이는 신기루를 향해 달려가는 일과 같다. 도착했다고 생각하는 순간 오아시스는 이미 없을 것이다. 미래의 삶에 대한 희망이 현세의 슬픔을 잊게 해주고, 인간의 신념이 인간을 절망과 회의로부터 구해주기에 미래에 관해 뭔가를 믿는 것까지는 괜찮지만 다가오는 미래가 이러이러할 거라고 너무 확고하게 믿지는 말라. 그러면 미래가 현재가 되었을 때의 삶도 그리 실망스럽게 시작되진 않을 것이다. 단지 한 걸음 한 걸음 최선을 다해 현재를 살아가면 될 뿐이다.

그 누구의 삶도 가치가 없는 것이 아니다. 모든 사람의 삶은 그 자체로 충분히 가치를 지니고 있다. 삶은 살 만한 가치가 있다고 생각하고 살아가든 없다고 생각하고 살아가든 달라지지 않는다. 우리 인간의 삶이 가치가 있는지 없는지는 그 누구도 알 수가 없기 때문이다. 우리 인간은 그저 살 만한 가치가 있건 없건 표면적으로 보면 그저 살아가는 것이고 본질적으로 보면 한 인간으로서 사는 것이다. 아이들이 책이나 장난감이 존재한다는 사실이 아니라 책이나 장난감을 사용하는 방법을 배우는 것처럼 아이들은 세상에 어떤 의미가 '존재'한다는 사실 역시 별도로 배우지 않는다. 오히려 아이들은 의미 있는 놀이에 참여하는 방법이나 보편적으로 재미있다고 여겨지는 무언가를 하는 방법만을 배운다. 그럼에도 불구하고 아이들은 그 자체로 행복해한다. 아이들은 삶이 무엇을 의미하는지 깊이 생각하거나 고민하지 않는다. 특정한 관심과 경력을 키우거나 짝을 찾고 자녀를 낳거나 전반적으로 최선을 다해 삶을 살아가는 등 우리가 하는 일들이 '정말로' 의미 있는지 숙고할 필요가 없다. 삶을 살아가는 방식이나 삶의 의미는 하나만 존재하지 않는다. 누구에게는 이러이러한 방식과 의미가 옳지만 나에게는 전혀 다른 방식과 의미가 옳을 수 있기 때문이다. 그렇기 때문에 누군가가 왜 사느냐고 묻는다면? 그저 웃을 수밖에 없는 것이다.

삶은 기적이다

인생 뭐 없이 그저 태어났으니 사는 것이지만 삶은 그 자체로서 기적이다.

우리 삶의 한순간 한순간은 매우 힘들고 어렵고 위험하기도 하지만, 놀랍도록 기적적이고 위대하다. 가장 어려운 생존의 위험을 힘겹게 이겨냈으니, 반드시 삶의 행복을 이루어 낼 수 있는 것이다. 행복은 어디에서 오는 것도 아니고 무엇을 해서 오는 것이 아니다. 언제 어디서 무엇을 하든 어떻게 바라보고 생각하느냐 하는 자기 내면의 선택으로 우러나오는 것이다. 우리가 사는 세상은 무대고 우리 삶은 장편 드라마다. 드라마는 제작진과 배우자들 각자의 역할이 있고 제작진에도 감독 등 지위가 있으며, 배우자에도 주연 조연 엑스트라 등이 있다. 그러니 각자 부여된 재능과 역할에 맞게 살면 그만이다. 엑스트라가 주연을 시기 질투하면 불행한 삶이 되는 것이고 엑스트라가 주연이 되기 위한 노력의 시간을 보내거나 엑스트라로 드라마에 참석할 수 있음에 기뻐하면 행복한 삶이 되는 것이다.

인생 복잡하게 생각하지 말자. 그냥 주어진 상황과 재능을 받아들이고 즐겁고 기쁨 맘으로 살아가면 그만인 것이다. 우리는 우주적으로 바라보면 티끌보다 작은 지구에서 수십억 명 인간 중 한 사람의 아버지와 한 사람의 어머니 사이에서 태어났다. 태어난 자체가 기적이고 삶 자체가 기적이다. 그만큼 다들 소중한 존재이니 살아있음에 행복하라.

어쩌다 보니 인간으로 태어났고, 어쩌다 보니 이 가족 이 민족이 나라 이 행성에 살게 되었고, 어쩌다 보니 무엇인가에 흥미를 품고 그것들을 하고 놀기를 좋아하고, 어쩌다 보니 이 일을 하게 되었고, 어쩌다 보니 이 사람과 결혼하게 되었고, 어쩌다 보니 이 자식들을 낳게 되었고, 어쩌다 보니 늙고 병들어 아프게 되었고, 어쩌다 보니 죽게 되는 것이다.

이 '어쩌다 보니'는 근본적으로 개체적 유전의 힘이며 과학적으론 DNA라 하고 철학적으론 운명이라 부르는 것일 뿐이다. 이 모든 것에 자유의지는 그다지 개입하지 않는다.

우리가 살아가는 것은 이기적인 유전자의 힘과 주어진 운명적 상황에서의 선택에 의해 결정된 것이지 어느 것 하나 스스로 선택한 것이 아니다.

물론 우리 인간들은 스스로 선택한다고 생각하겠지만 이미 태어날 때부터 내재된 유전자가 주어진 운명적 선택지에서 개체가 생존과 번식에 최적이라 판단되는 것을 선택하게 만드는 것이다.

결과적으로 우리는 살아가는 게 아니라 살아지는 것일 뿐이다.

3. 번식

종족번식을 위한 본능적 행위

모든 생명체는 '자기 보존 욕구'와 '종족 보존 욕구'를 지니고 있다. 자기 보존 욕구는 식욕이나 소유욕 등이며, 이 가운데 가장 근원적이고 본질적인 것이 식욕이며, 종족 보존 욕구는 이성 간의 사랑에 대한 욕구와 자녀에 대한 사랑의 욕구를 들 수 있다. 물론 이러한 자기 보존 욕구와 종족 보존 욕구의 본능적 사랑은 우리 인간만이 가지고 있는 것은 아니다. 우리가 흔히 듣게 되는 '고슴도치도 제 새끼는 예뻐한다'라는 말에서 종족 보존 욕구의 보편성을 알 수 있다.

인간은 과거나 현재, 미래에도 존재하고자 하는 욕구, 생명체의 일원으로서 존재해야만 하는 운명을 안고 있다. 그렇기 때문에 본능적으로 '번식' 행위를 삶을 살아가게 하는 원동력이자, 행복의 원천이라 여기고 살아가고 있다. 그래야만 인간의 의미와 가치가 개인이라는 한계를 초월하여 죽음 이후로도 살아남게 되는 근거가 되고 인류를 존속시키게 되기 때문이다.

　남녀의 문제는 인간의 가장 본질적이고 본능적인 영역을 고려해야 한다. 남자는 매일 많은 양의 정자를 생성해낸다. 여자의 키는 남자보다 작고 자녀를 낳을 수 있는 자궁과 유방이 있고 남자는 정자를 주기적으로 분출해야 하고 여자는 한 달에 한번 생성되기 때문에 보호 쪽으로 좀 더 역할이 강해진다. 남자는 되도록 많은 후손을 만들어야 하는 태생적인 역할이 있고 여자는 하나의 아이를 오랜 기간 보호해서 길러내야 하는 태생적인 역할이 있다. 성 시스템의 차이는 구애의 차이를 만든다. 남성의 정자 분출 신체 시스템은 많은 이성을 찾게 되어 있다. 반면에 여자는 신체보호 시스템과 후손 양육 역할 때문에 한 명의 이성을 신중하게 고르려고 하는것이다. 결국 신체 역할의 차이가 이상형과 기준을 만들어 낸다. 넓은 골반, 큰 가슴은 배란기에 아이 낳기 좋은 몸을 무의식적으로 반영한다. 남자의 경제력을 중요하게 여기는 것은 출산과 육아를 하게 되었을 때 보호해줄 수 있는 남자를 찾기 때문이다.

우열한 인자를 남기기 위한 본능적 행위

순수하고 사욕이 없는 이타주의는 자연계에서 안주할 여지도 없고 전 세계의 역사를 통틀어 존재한 적이 없다고 해도 과언이 아닐 것이다. 사실 번식 또한 인간이 영원불멸의 존재가 아닌 이상 어떤 식으로든지 생존을 유지하고 영원히 존재하고자 하는 본능적 행위에서 기인한 것이다. 결국 인간의 삶은 극단적이기는 할지라도 본질적으로 자신과 공통된 유전자를 남기기 위한 행동이며, 생존에 유리한 우열한 인자를 후대에 남기기 위한 처절한 본능적 행위에서 기인한 것이다. 어떤 진실이 진실이 아니기를 바란다고 해서 그 진실은 바뀌지 않는다. 세상에 존재하는 생명체에 대해 어떤 종이 다른 종보다 우월하다는 객관적인 근거는 아무것도 없다. 단지 우리 인간만이 그렇게 생각하는 것은 우리 인간이 우월하고 특별하다는 자기 신뢰에서 나온 한낱 인간적인 '믿음'인 것뿐이다. 침팬지와 인간, 도마뱀과 곰팡이 등 많은 생명체가 대략 30억 년이 넘는 긴 시간 동안 '자연 선택'이라는 과정을 거쳐 진화하며 생존해 왔다. 각각의 종 안에서도 어떤 개체는 다른 개체보다 자손을 더 번식시켜 그들이 가지고 있는 번식에 성공적인 유전자를 더 많이 다음 세대에 남기게 된 것이다. 이것이 '자연 선택'이다. 자연 선택의 결과 지금의 우리가 있게 된 것이다. 모든 생명체는 지금까지 생존해 온 유전자적 특징에 따라 살아간다. 지금까지 생존해 온 유전자는 과거에 그 종이 살아왔던 환경의 평균적 특징이 되는 조건들 속에서 생존해 왔기 때문에 무엇인가를 선택할 때는 본능적으로 과거의 '경험'에 근거하게 된다. 우리 남자들이 부와 성공, 건강을 추구하는 것도 사실 좋은 배우자를 얻기 위한 본능에서 발현된 것이다. 여자들은 본능적으로 자식을 양육하기에 좋은 조건, 자식의 생존 환경에 유리하다고 판단되는 조건을 가진 남성을 본능적으로 선택하게 되어 있어, 능력(부와 성공)과 외모(잘생기고 건강한 남성)를 보고 선택할 가능성이 더 높기 때문이다. 건강한 육체와 수려한 외모는 오랜 세월 인류가 사냥을 통해 생존을 유지해 오면서 갖게 된 경험적 근거로서 우리 유전자 속에 남아 있기 때문이다. 생명체가 가진 모든 생김새와 습성은 우연의 산물이 아니라 오랫동안 축적되어 만들어진 생존과 짝짓기를 위한 도구라는 점이다. 부와 성공은 인간이 문명 시대에 이르러 굳이 직접적으로 사냥하지 않아도 '돈'이라는 것을 통해 먹고사는 것을 해결할 수 있게 되면서부터 생겨난 것이다. 그러므로 돈이 절대적이진 않지만 현대에 이르러 생존과 짝짓기를 위한 가장 좋은 도구로써 작용하기 때문에 죽기 살기로 돈을 벌기 위해 노력하는 것이다. 번식에 성공하여 자신과 공통된 유전자 및 우열한 인자를 후대에 남기기 위해서는 먼저 배우자를 찾아야 한다. 생명체는 본래 종족의 보존과 번성을 위해 자기 유전자를 물려주려는 본능을 가지고 있어서 이성에게 잘 보여야만 하기 때문이다. 심순애가 이수일이 아닌 김중배를 선택한 것도 사실 이러한 자연 선택적 관점에서 보면 지극히 당연하다.

4. 행복은 삶의 수단이다

행복해서 웃는 게 아니라
웃어서 행복한 것이다

행복이 인생의 궁극적인 목적이라는 생각에 익숙해져 일상의 모든 노력은 삶의 최종 목적인 행복을 달성하기 위한 과정으로 생각하는 사람이 많다. 하지만 이러한 비과학적이고 인간중심의 사고방식은 우리 삶을 힘들게 하고 행복을 좀먹는다. 꿀벌이 꿀을 모으기 위해 존재하는 것이 아니고, 우리 인간도 행복하기 위해 사는 것이 아니다. 벌도 인간도 자연 일부며 생존과 번식을 위한 존재로서 자연의 법칙에 따라 존재할 뿐이다. 즉 꿀벌에 있어서 꿀, 인간에 있어서 행복은 생존과 번식을 위한 수단일 뿐이다. 정리하면 행복하기 위해 사는 것이 아니라 생존과 번식을 위해 행복감을 느끼도록 프로그램된 것이 인간이다. 그러므로 행복은 삶을 살아가게 만드는 원동력이자 에너지라 할 수 있다. 우리 인간은 생존과 번식을 위한 기본적 행동을 할 때 행복하게 느끼도록 프로그래밍 되어 있다. 인간도 다른 동물들과 마찬가지로 생존과 번식의 욕구이지 고차원적 의식이 행복이 아닌 것이다. 우리 인간을 움직이게 하는 유인책이 바로 행복감(쾌감)이다. 맛있는 음식을 먹을 때 행복한 것은 그래야만 계속해서 사냥을 나가 자신의 생존을 지속할 수 있게 되며, 이성을 만날 때 행복한 것은 그래야만 이성을 만나 종족을 생존하고 번식하기 때문이다. 섣부른 결론이라 할지라도 우리는 행복하기 위해 사는 게 아니라 생존과 번식을 위해 행복한 것에 의문의 여지가 없는 듯하다. 그러므로 행복감(쾌감)은 오래 지속되지 않고 소멸하는 특성이 있다. 로또 한방보다는 매달의 월급이 행복을 오래 지속시켜줄 수 있는 것이다. 그래서 요즘 '소확행 (소소하지만 확실한 행복)'이 유행하는 것은 참 좋은 사회적 현상이라 생각한다.

결론적으로 우리는 행복해서 살아가고, 행복하려고 살아간다. 즉 행복은 삶을 살아가게 만드는 원동력이자 삶의 수단인 것이다. 행복은 실제로 현재 상황이 행복한 상태이든 불행한 상태이든 우리 삶의 고통과 고난을 극복하게 해주는 데 절대적인 역할을 해준다. 우리 삶에 있어 소중한 고난과 고통을 극복하기 위해서는 행복한 경험과 행복에 대한 기대가 있어야 한다. 삶이 우리에게 언제 어디서나 끊임없이 제공하고 있는 것이 고통이라는 현실을 깨닫고 나면 우리는 고통을 자연스럽게 받아들일 수 있고 오히려 고통을 행복의 수단으로 여길 수 있다. 물론 당연하게 행복하면 남모르게 웃음이 나오지만, 행복은 삶을 살아가게 만드는 원동력이자 삶의 수단이라는 점에서 우리가 행복해서 웃는 게 아니라 웃어서 행복한 것이라는 사실이 여기에서 기인한다.

PART 4.

어떻게 살아야 하는가?

슬기로운 인간생활의 방법

1. 깨달음

너 자신을 알라

살면서 문득 '이건 아니다! 그럼 어떻게 해야 해?' 하며 삶에 대한 문제 인식과 해답을 갈구하게 되는 순간을 마주하게 된다. 나 자신의 운명을, 행복을 향한 시작은 문제의 인식에서, 자신의 욕구를 아는 것에서부터 시작된다. 세상은 자기가 아는 만큼 보이고 우리 인간은 자기가 아는 만큼만 세상을 이해할 수 있기 때문이다. 운명을 바꾸고자 하는 것, 행복한 삶을 살고자 하는 데는 내 삶에 허락된 것과 허락되지 않은 것이 무엇인지를 분명히 아는 것이 매우 중요하다. 돈 많은 친구를 보면 돈을 많이 벌고 싶고, 성공한 친구를 보면 성공하고 싶고, 명예를 가진 친구를 보면 명예도 추구하고 싶고 이것저것 모든 것을 추구하다 결국 '나'라는 정체성을 잃어버리게 되고 삶을 방황하게 되는 것이다. 삶은 결정된 것이 아니라 매 순간 변화하는 삶의 흐름에 맞춰 자신이 어떻게 살아야 하는지를 알아가는 과정이다.

사는 동안 모든 공부는 자기 자신을 알아가는 것이다. 내가 뭘 좋아하는지 어떤 삶을 살고 싶은지 어떤 일을 하고 싶은지가 되게 많이 좌우하는데 어떻게 하면 그런 삶을 살 수 있을까 생각해보면, 자기 자신을 알려면 한 시절을 실컷 즐기고 놀아봐야 한다. 삶을 통해서 탐색하고 내가 무엇을 잘하고 못하는지 알아보는 시간이 반드시 필요하다. '알아야 면장을 한다'라는 속담이 있듯이 내 삶과 운명을 내가 개척해 나가기 위해서는 나 자신을 아는 것이 매우 중요하다. 성경에도 "진리를 알지니, 진리가 너희를 자유롭게 하리라(요한복음 8장 32~36절)."라는 말씀이 있듯이 내가 나를 알고 나를 귀하게 여길 때 나의 잠재력을 최대로 발휘할 수 있다. 우리는 욕구를 통해서 자신을 이해할 수 있다. 우리는 제각기 다양한 욕구를 가지고 있다. 부자가 되고 싶은 사람도 있고, 사회적 지위를 가지고 싶은 사람도 있고, 이상적인 배우자를 만나고 싶은 사람도 있고, 단순히 먹고 노는 것의 즐거움을 추구하는 사람도 있고 이 모든 걸 다 추구하는 사람도 있다. 사람마다 가치 기준이 다르기 때문에 그중에서 우선순위는 조금씩 다르다. 행복은 내가 진정으로 원하는 것이 무엇인지를 깨닫고 그러한 삶을 살아가는 데 있다. 그렇기에 나의 욕구를 아는 것이 행복한 삶을 위한 첫걸음이 된다.

삶에 정답은 없다

우리 인간은 신뢰할 것이 못 된다. 우리 삶 또한 그다지 신뢰할 것이 못 된다. 삶은 분명 공평하지도, 공정하지도 않다. 사람은 종종 겉으로 보이는 모습과 많이 다르다는 점 말고도 문제는 또 존재한다. 바로 사람들은 항상 때와 장소에 따라 시시각각 '변화'한다는 것이다. 우리 인간은 자기 신뢰, 자기 믿음에 대한 강한 확신으로 스스로에게 설득당해 삶에 대한 믿음과 확신을 남발한 것은 물론 온 열정을 다해 삶을 긍정적으로만 바라보다가 그만 그와 반대되는 현실에 대한 충고를 놓쳐 고통받고 나서야 삶을 제대로 보게 된다. 또한 우리 인간이 변하지 않는다고 하더라도 제각기 삶과 행복에 대한 기준이 다르고, 세월의 변화에 따라 상황이 변하고, 주변 환경이 변하기 때문에 결코 우리 삶의 정답을 찾기 쉽지 않은 것이다. 아기 때는 젖 주면 마냥 좋아하고, 아이 때는 그저 뛰노는 걸 좋아하고, 청소년기엔 친구를 좋아하고, 성인이 되어서는 연인을 좋아하고, 결혼하면 아이들을 좋아하고, 노인이 되면 손자들을 좋아한다. 이처럼 단순한 세월의 흐름에 따라 좋아하고 원하는 대상이 달라진다.

각주구검(刻舟求劍)이란 고사성어는 여씨춘추(呂氏春秋) 찰금편(察今篇)에서 나오는 내용으로 어리석고 미련하여 융통성이 없음을 이르는 말이다.

「초(楚)나라 사람이 강을 건너다가 칼이 배에서 물속으로 떨어졌다. 그는 급히 뱃전에 칼자국을 내어 표시하면서 말했다. "여기가 내 칼이 떨어진 곳이다." 배가 닿자 칼자국이 있는 뱃전 밑 물속으로 뛰어들어 칼을 찾았다. 배는 움직였고 칼은 움직이지 않았는데 이처럼 칼을 찾으니 어찌 의아하지 않겠는가.(楚人有涉江者, 其劍自舟中墜於水, 遽契其舟曰, 是吾劍之所從墜. 舟止, 從其所契者, 入水求之. 舟已行矣而劍不行, 求劍若此, 不亦惑乎.) 이처럼 흐르는 세월 속에서 옛꿈을 가지고 인생의 정답을 찾는다는 것은 어렵고 어리석은 일일 것이다. 세월의 흐름 속에서 나이를 먹어가면서 바뀌는 변화를 깨닫지 못하고서 행복한 삶을 살아가기는 매우 어렵다. 나이를 먹으면 꿈도 변하고, 원하는 것도 변화한다. 또한 입장과 역할도 자연스럽게 바뀌게 된다. 우린 살면서 '그때그때 달라요'라는 말을 부정적으로 인식하는데 사실 살아가면서 상황과 입장이 시시때때로 달라지기 때문에 '그때그때 달라요'라는 말은 지극히 정상적이고 당연한 것임을 깨닫게 될 것이다. 어떤 날은 삼천, 대천 세계를 다 끌어안는 큰 가슴을 가지고 살고, 어떤 때는 바늘 하나 놓을 수 없는 옹졸한 마음으로 변하고 천변만화하는 것이 우리 인간의 마음이다. 이것을 되도록이면 매일 어느 한 자리에 움직이지 않도록 잡는 것, 이것이 '중용'이자 지혜로운 삶의 방법이다. 우리 인간은 나이를 먹어가면서 바뀌는 여러 가지 변화에 따라 어떤 대상과 가치관에 관한 입장과 역할이 바뀐다. 나이를 먹어가면서 자신도 모르는 사이에, 자신이 원하든 원하지 않든 취향과 스타일, 생활 리듬, 처한 환경, 자신의 경제력과 경제 감각, 건강과 체력이 변화하고 신체적 감각이 둔해지고, 생각의 폭도 변하고 원하는 것도 하고 싶은 것도 변하기 때문에 한 사람의 인생을 두고 볼 때 삶에 정답이 없는 것이다.

가정에서의 기대도 역할도 변한다. 일반적으로 20대 초반에 결혼이란 함께 있고 싶음이다. 30~40대는 결혼은 아이를 낳고, 집을 마련하고, 재산을 형성해 나가는 시기다. 50~60대에는 다시 자신으로 돌아가고 싶은 마음이 드는 한 지붕 두 살림의 시기이다. 서로의 영역을 존중하면서 둘 사이의 심리적 거리를 유지하면서 자신만의 삶을 추구하고 싶어지는 것이다. 수명이 길어지는 것도 삶의 방식을 변화시키는 주요 요인이다. 20세기 이전까지는 30년은 부모 슬하에서의 삶, 30년은 부모로서의 삶, 그리고 10년 정도는 노년의 삶을 여생으로 살았었는데 21세기 생존 수명이 급격히 증가하면서 추가로 30년이란 기간 동안 정년 이후의 더 살아야 하는 세상이 된 것이다. 그렇기 때문에 어느 시기에, 어느 상황에서는 어떠한 삶이, 어떻게 살아가는 것이 가장 좋은지 자신의 현실과 이상을 조율해 나가면서 제일 나은 선택을 하며 살아갈 뿐이다.

우리는 삶을 살아가야 하는 단 하나의 '목적'이나 '의미'를 알 수가 없다.

왜냐하면 인생에는 하나의 정답이 있는 것이 아니기 때문이다. 그러므로 우리는 바로 지금, 바로 여기에서 '우리'가 원하는 대로 살고, '우리'가 생각하는 대로 자유롭게 살면 된다.

나는 지금 어디에 있는가?
인식으로부터

　우리는 하루하루를 열심히 살다가도 불현듯 '내가 지금 잘 살고 있는 건가?' 하는 생각을 하게 되는 때가 있다. 내 주변의 모든 사람이 나보다 다들 잘 살고 있는데 나 혼자만 힘들고 고통스러운 삶을 사는 것 같아 두리번거리기도 한다. 그러다가 '사람 사는 게 다 그렇지 뭐.' 하면서 스스로를 위안하며 다시 또 열심히 살아간다.

　어떤 사람이 길을 걷고 있는 사람에게 "어디를 가십니까?" 하고 묻는데 "잘 모르겠습니다."라는 대답이 돌아온다면 무슨 생각을 하게 될까? 아마도 미친 사람이란 생각을 하게 될 것이다. 우리의 삶도 마찬가지다. 지금 내가 어디에 있는지, 어디를 향해 가고 있는지 모른다면 아마도 올바른 삶이라 할 수 없을 것이다.

　우리는 일반적으로 무작정 '남들이 하니까 나도 한다'라는 삶을 살아간다. 남들이 학교에 다니니까 나도 다니는 것이고 남들이 결혼하니까 나도 결혼을 하는 거고, 남들이 직장을 다니니까 나도 다니는 거고, 남들이 아이를 낳으니까 나도 아이를 낳고…' 이것이 오늘날 우리 삶의 모습이다. 나는 지금 어디에 있는지?, 우리는 지금 어디로 가는지도 모르면서 그저 남들이 하니까 뒤처질 새라 죽기 살기로 앞만 보고 '친구 따라 강남' 가듯이 살아가고 있다. 그 길이 설령 죽으러 가는 길인데도 남보다 조금이라도 더 빨리 가려고 애를 쓰고 달린다. 이렇듯 세상을 살아가는 많은 사람 속에서 정신없이 달리며, 서로 부대끼고, 넘어지며 받는 상처가 바로 지금 우리의 괴로움이며 갈등이다. 미친 사람처럼 내가 어디에 있는지, 어디를 향해 가고 있는지, 무엇 때문에 가는지도 모르고 살아간다는 것은 바람직하지 않다. 남들이 가는 그 길이 죽는 길이라면 모든 사람이 간다고 할지라도 나는 가지 말아야 한다. 지금까지 죽을 힘을 다해 달린 시간과 노력이 아깝다는 생각이 든다 해도 그만두고 돌아서야 한다. 그래야 비로소 살길이 열리고 나의 길이 열릴 것이다. 그러므로 끊임없이 자신에게 묻고 묻고 또 물어야 한다. "나는 지금 어디에 있는가?"

자연에 순응하며
본능에 충실하게 살면 그뿐이다

인생을 살아가면서 각종 우여곡절을 겪으면서 느끼게 되는 것은 개개인의 인간은 굉장히 나약하고 미약한 존재라는 것이다. 이 나약함과 미약함을 극복하기 위해 우리 인간은 신기술을 개발하고 과학을 발전시키고 문명을 이용한다. 하지만 아무리 그렇게 한들 인간이 자연을 이기는 방법은 없다. 때론 우리는 강풍과 싸워서 이겼다느니 폭설을 이겨내고 왔다느니 그런 표현을 쓰기도 한다. 대자연이라는 것은 우리가 감히 범접하지 못하는 미스터리도 많고 경이로움도 많다. 그렇기 때문에 경이롭기 그지없는 대자연 앞에서 인간이라는 나약하고 미약한 존재가 자연을 어떻게 이겨낸다는 것인가? 그렇기 때문에 새로운 하루를 시작할 때 '오늘도 자연 일부가 되자'라는 마음가짐을 가지고 시작하자.

우리가 자연을 어떻게 이겨낼 수 있겠는가? 그냥 그 자연의 현상에 순응해야지 그걸 이기고 극복하려는 마음을 먹는 순간 재앙이 되고 자신을 불행하게 만든다. 뭐 이 말이 어느 한 개인의 개똥철학으로 생각이 들릴 수도 있지만 이것이 동서고금을 막론하고 우리가 사는 단순한 이치다. 우리가 사는 세상은 대자연이다. 인류가 새로운 기술을 개발해서 제아무리 크고 어마어마한 구조물을 만들었다 하더라도 예를 들어 바다에 떠다니는 거대한 유조선, 컨테이너선들을 떠올려 보라. 그게 우리 인간들의 눈으로 볼 때 크고 거대한 것이지 태평양 한가운데 놓여 있으면 그냥 추풍낙엽일 뿐이다. 그렇기 때문에 항상 느끼는 것이지만 이 위대하고 이 웅장한 대자연과 싸워서 이기는 인간도, 인간의 문명도 없다는 것이다. 단지 그 과정에 순응을 하고 순리에 잘 따르는 인간들만이 있을 뿐이다. 그렇기 때문에 좋은 삶이란 본성과 환경에 따라 순리대로 사는 삶이다.

자연 속 생명이 사계절의 순환 속에서 살아가듯 우리 인간의 삶 또한 인생의 봄, 여름, 가을, 겨울, 그리고 계절이 바뀌는 환절기마다 그 특성이 다르고, 살면서 해야 할 일이 다르기에 저마다의 인생의 계절을 지혜롭게 살아 내는 것이 중요하다. 즉 봄이 봄답고,

겨울이 겨울다울 때, 즉 계절이 계절다울 때 삶은 자유롭고 평화롭게, 그리고 아름답게 흘러간다. 순리대로 사는 삶 그게 곧 행복이다. 존재하는 순간까지 자연에 순응하며 살아가면 그만이다.

너무 잘하려 굳이 애쓰지 말고
너무 의미를 부여하려 하지도 말라

모든 것을 잘하고 싶고 남들에게 잘 보이고 싶은 마음은 조금만 가지고 자기 스스로 즐겁고 행복한 걸 알았으면 좋겠다. 우리가 사는 것은 남을 위해 사는 것도 특별한 이유나 목적이 있어서가 아니라 그냥 인간으로 태어나 존재하니까 인간으로 살아가는 것이다. 이렇게 그냥 사는 것 너무 잘하려고 애쓰면서 괴롭고 힘들게 사는 것보다 이왕이면 즐겁고 행복하게 사는 게 더 좋다 그러니 매사에 너무 잘하려 굳이 애쓰지 말고 너무 의미를 부여하려 하지도 말라. 그냥 있는 그대로 약간 거슬러도 약간 맘에 안 들어도 있는 거 그대로 만족하고 사는 것이 좋다. 너무 잘하려고 너무 열심히 하다 보면 집착하게 되고 집착하게 되면 나도 주변 사람도 힘들어진다. 주어진 삶에 최선을 다하되 너무 잘하려고 애쓰지 말고 그저 물처럼, 공기처럼, 바람처럼, 자연과 같이 살아가면 그만이다. 너무 잘하려 애쓰며 힘들어하지 말고 적당히 하는 것이 좋다. 내가 너무 잘하려고 하면 어느 순간 자신의 자아가 설치게 된다. 내가 아무리 잘하고 내 능력의 최고치를 발휘한다고 할지라도 부처님 손바닥 안에 손오공처럼 자연의 섭리 안에서 살아가게 되어 있다. 개개인의 능력이 해결해 주는 것도 있지만, 시간이 해결해 주는 문제가 대부분이다. 그러니 차라리 나를 내려놓고 자신의 운명을 믿으면 된다. 우주 자연의 힘이 우리를 태어나게 했으니 우리를 살게 하는 것도 자연이니까 우리는 너무 잘하려 애쓰지 않고 적당히 순응하고 살면 된다. 그렇다고 "에라 모르겠다. 될 대로 돼라" 그런 무책임한 삶을 살라고 하는 게 아니다. 먼저 내 자아를 내려놓고 힘을 빼고 자연스럽게 살 때 우주의 온갖 기운이 우리를 도와 더욱 바람직한 삶을 살아가게 만들어 주기 때문이다. 힘을 빼고 자연스럽게 산다는 것은 내가 내 뜻대로, 내 방식대로 하려는 것은 내려놓으라는 것이다. 그저 우주와 자연의 섭리에 맞춰 자연스럽게 살라는 것이다. 중요한 것은 잘하는 것이 아니라 최선을 다하는 것이다. "결과가 어떻게 나오든 난 최선을 다할 거야!"라고 주문을 외쳐라. 그것만으로도 충분히 부담감을 덜 수 있으며 에너지가 넘쳐 흐르게 될 것이다. 진인사대천명(盡人事對天命)이라 했다. 최선을 다하되 결과는 하늘에 맡기는 것이다. 마음의 짐을 벗어버리되 매 순간 최선을 다하면 된다.

우리가 살아가는 세상은 종종 표면적으로 보이는 모습과 실제 본질과 완전히 다른 경우가 많다. 문제는 또 존재한다. 바로 세상과 삶의 의미가 항상 '변화'한다는 것이다. 의미는 부서지기 쉽다.

의미는 변화에 취약하며 언제든 사라질 수 있다. 그러므로 굳이 너무 잘하려 굳이 애쓰지 말고 너무 삶에 의미를 부여하려 노력하지 않아도 된다.

　무엇이 옳은지 그리고 어떻게 사는 삶이 최선의 삶인지 알아내려고 갖은 고생과 수고를 다 하는 대신, 일단 태어나 열심히 살고 있으니 무슨 일이든 최선의 결과가 나올 것이라고 믿는 쪽이 훨씬 더 쉽고 힘이 덜 들고 삶에 있어 유익하다. 사실상 우리 삶에 있어서 반드시 해야 할 일도 바꿔야 할 것도 존재하지 않는다. 우리는 주어진 삶이 왜 이런 식으로 흘러가는지 전혀 이해하지 못할 수 있지만 그런데도 나의 삶에 모든 것이 나름의 이유와 목적 때문에 일어난다고 확신하고 사는 게 우리의 삶을 더욱 충만하게 만든다. 남을 의식해 행복한 척, 기쁜 척, 즐거운 척하지 마라. 그냥 삶은 삶일 뿐이다.

지금 이대로 좋다

　오지도 않은, 올지도 모르는 미래를 먼저 살아가는 것은 중요하지 않다. 제일 중요한 것은 지금 이대로의 현재를 살아가는 삶이 중요하다. 지금 이 순간 주어진 삶을 최대한 마음껏 누리고 현재 주어진 여건에 맞게 하고 싶은 것들을 맘껏 할 수 있는 여건이 가장 중요하다. 삶을 잘 사는 비결은 추하고 싫다고 여겨지는 것에 불만족하고 불평과 불만하기를 그만두고 그 속에서 아름다움과 좋음을 찾고 살면서 마주치는 모든 일을 긍정하며 사는 것이다. 어떤 상황에서도, 어떤 여건에서도 정신이 깨어 있고 마음이 편안하면 삶의 질은 무한대로 좋아질 것이다.

비가 오면 비가 오는 대로
바람이 불면 바람이 부는 대로
딱 있는 그대로의 현재가 좋다
눈 앞에 펼쳐진 각양각색의
세상 모든 아름다움이 더 해주는 색다른 멋
세상 모든 종류의 음식이 더 해주는 색다른 맛
세상 모든 소리가 더 해주는 색다른 흥거움
세상 모든 향기가 더해주는 색다른 기쁨
세상 모든 촉감이 더 해주는 색다른 즐거움

화룡점정으로 있는 그대로의 세상을 살아가는 만족을 느끼고 살아가면 지금 여기가 천국이요 극락이 아니겠는가? 삶은 단 한 번뿐인 생방송 Full 드라마다.

내가 내 인생의 주인이 되어
자유롭고 행복하게 살자

우리는 흔히 다른 사람들처럼 되려고 애쓰다가 그만 자기 자신이 되지를 못한다. 자기 자신이 되는 것보다는 다른 사람이 되는 것이 어찌 보면 더 쉽고 안전해 보이기 때문이다. 우리는 보통의 평범한 대중 속에 들어가 숨어서 기꺼이 자기 자신이 '보잘것없는 사람, 또 다른 많은 사람 중의 한 사람, 끝없는 천편일률의 또 다른 반복적인 삶'을 살아가도록 내버려 둔다. 대중의 일부가 되어야 잘 어울릴 수 있고, 보통 잘 어울릴 수 있어야 인간 사회에서 생존하기가 더 쉽기 때문인데 그 대가로 자기 자신을 잃게 되어 내가 내 인생의 주인이 되어 자유롭고 행복한 삶을 살아갈 수 없음에도 우리는 그 대가를 거의 알아차리지 못하고 평생을 살아간다.

우리는 보통 '남들처럼만 살면 행복할 거야'라고 생각하며, 세상의 속도에, 남들에게 뒤처지지 않기 위해 앞만 보며 달리다 잠시 뒤돌아보았을 때 거기엔 내가 없음을 알고 공허함에 빠지게 된다. 남들이 부러워할 만큼의 성공을 이뤘다 해도 공허한 느낌이 들게 마련이다. 그럴 때마다 '그래도 다들 그렇게 사니까' 하고 나 자신을 위로해보지만 결국 나는 내 삶의 주인이 아닌 그저 군중의 삶을 살고 있을 뿐이다. 남들이 부러워하는 대기업에서 일하였고 행복 전도사를 자처하고 그 누구보다도 열심히 살았던 저자 또한 세상이 제시하는 목표를 향해 무작정 달리다가 공허와 절망을 마주하게 되었다. 저자는 잃어버린 자기 삶을 찾기 위해 인간의 삶과 행복에 관해 탐구를 시작하면서 삶에서 소외된 자(者)들의 문제점을 알게 되었다. 우리는 삶을 살아가는 데 있어 평소에 어떻게 느끼고, 생각하며 행동하는지 알아야 한다. 스스로 삶의 주인이 되지 못하면 다시 말해 삶의 중심이 자신이 아닌 외부에 있게 된다면 외부의 변화에 따라 이리저리 쉽게 흔들리게 된다. 그렇게 되면 늘 긴장하며 살게 된다. 우리의 삶은 바람에 흔들리는 나뭇잎을 보며 함께 흔들려서는 안 된다. 그리하면 내면의 깊은 곳에 있는 자기 모습을 볼 수 없게 된다. "도대체 내가 뭘 좋아하는지 모르겠어.", "난 뭘 해야 하는 걸까?" 자신에 대한 확신이 없으면 우리 뇌는 행동하기를 꺼리게 된다. 남이 건네는 가치를 받아들이는 순간, 우리는 자기 삶이 아닌 타인의 삶을 살게 되고 결국 스스로 결정하는 자가 아닌 충실히 따르는 자가 된다. 마치 스스로는 환경에 잘 적응해가며 성장하며 발전하는 듯 느끼겠지만 사실은 나를 잃어버리는 과정이다. 욕구를 채우고 채워도 계속해서 욕구에 대한 갈망을 채울 수 없는 이유는 자신의 갈증이 아닌 남들의 욕구를 채우고 있기 때문이다. 인간은 비록 타인에게 맞춰 살지라도 그것이 온전히 자신의 선택에 따른 것이었을 때 활력과 만족감을 느끼는 존재이다. 따라서 자신의 의미와 가치를 스스로 결정하는 '자기 결정감(Self-determination)' 있느냐 없느냐에 따라 삶의 질과 행복의 정도가 달라진다. 자기결정감을 갖기 위해서는 자신이 뭘 원하는지 내면의 소리에 끊임없이 귀 기울여야 한다. 진정으로 자신이 원하는 것을 스스로 결정할 때 만들어지는 흥미와 즐거움은 그것에 온전히 몰입할 수 있도록 만들어 능력의 최대치를 이끌어낼 수 있기 때문이다. 이때 우리는 주변 환경에 덜 흔들리고 자신이 주도하는 시간을 더욱 많이 갖게 된다. 반드시 기억하라! 사람은 자신을 중심으로 세상을 확장해 나갈 때 성장하며, 자신의 존재감은 소외되지 않고 더욱 뚜렷해진다. 나로 태어나서 나로 죽을 텐데, 나니깐 살 수 있는 삶을 살도록 하자. 비록 굶주리고 힘들더라도 나 스스로가 하고 싶은 일을 하며 살자.

나는
나대로
나답게
나로 살아가도록 하자

뭣이 중헌디? 인생에 있어서 뭐가 제일 중요할까, 생각해보라. 행복을 더 미루지 말고 모든 걱정을 다 내려놓고 더 늦기 전에 내가 생각하는 방식대로 한번 인생의 한 시절을 보내보자. 나는 나로 산다. 이 세상에 내 것은 내게 주어진 시간뿐, 시간을 잃지 말라. 바람이 불고, 구름이 흘러가는 것처럼 시간은 흘러간다. 시간은 내가 쓰지 않으면 계속 흘러가는 것이다. 내 삶에 주어진 시간을 내가 갖기 위해선 시간을 써야 하는 것이다. 나를 위한 시간이든 남을 위한 시간이든, 그냥 아무것도 안 하고 흘려보내버리는 시간이든… 그 시간 동안에 한 일만 나한테 남아있을 수밖에 없다. 삶에 관한 결정도 마찬가지다. 내일 생각해보는 게 아니고 "이것을 하자." 하면 끝난 것이다. 필요한 것은 자기가 지금의 시간을 잘 쓰는 것이다. 우리의 삶을 선택하는 데 있어 다른 존재에 의해 이루어지도록 내버려 두지 마라 그러면 우리 자신을 잃어버리게 되고 오롯이 나의 삶을 살 수 없게 된다. 그러니 내 인생의 주인이 되어 자유롭고 행복하게 사는 것에 시간을 쓰도록 하라. 대나무는 대나무로 살고, 쑥은 쑥으로 살고, 나는 나로 사는 것이다. 이것이 우리의 진정한 삶이자 인생의 단면이다.

내 인생의 주인이 된다는 것은 굉장히 어려운 일이다. 차라리 자기 자신이 되지 않는 것이 쉽다. 내 인생의 주인이 되지 않는다는 것은 오직 '욕구와 욕망의 삶'을 살아가는 것이다.

욕구와 욕망에 충실한 삶으로 살아간다는 것은 감각에 몰두하여 주관적인 경험을 풍요롭게 하는 가운데 기쁨을 추구하고 고통을 회피하는 삶이다. 즉 어떠한 결과를 초래하든 상관없이 자신의 욕망과 열정만을 따르는 것, 육체적 만족과 정신적 만족을 추구하는 것, 삶이 우리에게 제공하는 온갖 희열을 즐기는 것을 의미한다. 이러한 삶은 당연하게도 살 만한 가치가 충분해 보일 수 있으며 바람직한 아주 좋은 삶이다. 물론 운이 좋고 삶을 즐기는 법을 아는 사람이라면 말이다. 하지만 욕구와 욕망의 삶에는 나름의 '심각한' 결점이 있다. 무엇보다도 '욕구와 욕망의 삶'은 절대로 지속되지 않는다. 언젠가 고통이 반드시 찾아온다. 욕구와 욕망에 충실한 삶을 살아가다 보면 자신이 자기충족적인 삶을 충분히 잘 살고 있다고 착각할 수 있다. 하지만 우리의 삶은 내적 환경(자신이 가진 경제력, 체력, 인맥, 재능 등)이든 외적 환경(욕구와 욕망을 채워 줄 만한 사건의 발생 여부)이든 환경에 굉장히 많이 의존하고 있다. 그렇기 때문에 환경이 잘못된 방향으로 흘러가면 삶은 순식간에 나쁜 삶으로 변해버린다. 우리의 욕구와 욕망의 삶을 충족시키는 사물들은 보통 잠시 동안만 우리의 관심과 흥미를 끌기 때문에 관심과 즐거움을 유지하기 위해서는 끊임없는 변화가 필요하다. 또한 욕구와 욕망은 매우 변덕스럽다. 때로는 이것이고 때로는 저것이기 때문이다. 그래서 욕구와 욕망의 삶을 사는 사람들은 이러저러한 형태로 지속적인 즐거움을 추구하지만 즐거움을 느끼는 순간에도 그 즐거움이 얼마나 얄팍한 것인지 인지한다. 결국 욕구와 욕망의 삶 표면 아래에 공허함밖에 없다는 사실을 희미하게 느끼는 것이다. 무엇이든 적당히 해야 한다. 욕구와 욕망의 삶을 잘 살기 위해서는 균형을 유지해야 하며 인생의 주인으로서 중심을 잡아야 한다. 다시 말해 적당히 균형을 유지한다면 우리의 삶을 최대한 즐기기 위해 우리가 바라는 그리고 필요로 하는 지점에 있게 된다.

행복이라는 것은 '자기 자신에게 현존하는 것', 결국 '자기 자신이 되는 것'에서 나온다. 내 인생의 주인으로 존재함으로써, 다시 말해 자기 자신에게 관계하여 자기 자신을 꼭 붙잡음으로써 나 자신이 된다.

정리하면 우리는 욕구와 욕망을 채우기에 급급한 삶을 살거나,

미래나 과거에 살거나, 남의 인생과 세상에 의존하여 살고 있을 때 우리 자신으로부터 부재하게 된다. '보이는 나'에서 '보는 나'로 존재하는 순간 삶은 놀라우리만치 자유로워진다. 나를 행복하게 하는 건 나밖에 없다.

평범하게 사는 삶도 쉽지 않다

사람 사는 것 다 고만고만 하다. 인생에서 중요한 가치는 사실 평범하게 사는 것이다. 하지만 우리는 가끔 '참 사람 노릇 하고 살기 어렵다'라는 말을 하곤 한다. 이처럼 남들 사는 것처럼 그저 평범하게 사람 노릇 하며 사는 삶도 절대로 쉽지만은 않다. 물론 평범하게 산다는 삶이 남들과 비슷하게 살란 의미가 아닌 주어진 삶에 만족해하며 감사하며 살라는 것이다.

우리는 보는 것, 듣는 것, 냄새 맡는 것, 맛을 보는 것, 촉감을 느끼는 것과 같이 우리의 평범하고도 일상적인 삶에서 기본적으로 확정된 좋은 것을 누릴 수 있는 유익에 감사하고 행복해하고 감사해야 한다. 우리는 행복한 삶을 살기 위해 부자나 유명인이 될 필요가 없다. 성자가 될 필요는 더더욱 없다. 특별한 누군가가 되지 않아도 되고, 특별한 무언가를 전혀 하지 않아도 상관없다. 우리는 그저 세상에 존재하면서 우리의 존재를 즐기며 평범한 삶을 즐기면 된다. 누군가가 되어야 하고 무언가를 이루어야 한다는 헛된 욕망을 내려놓은 채 긴장을 풀고 삶을 한껏 받아들이고 누리면 된다. 사실 우리가 사는 세상은 신비할 만큼 무한한 매력과 경이로움으로 가득 차 있다.

하루하루 최선을 다해 채워나가야 하는 평범한 우리 일반인은 니체가 말한 대로 '삶은 견디는 것'일지도 모른다. 그렇기 때문에 힘든 하루를 견디며 희망을 품고서 자신의 존재를 존재로서 유지시키고, 자신을 의지하는 가족의 버팀목이 되는 것만으로도 대단한 것이고 대견스러운 일일 것이다.

모든 것이 헛되고 헛되다

우리는 사는 동안 끊임없이 무엇인가를 추구하면서 살아간다. 그러다가 어느 순간 자의든 타의든 모든 걸 내려놓을 수밖에 없게 되거나 운명적으로 죽음을 앞두게 되면 삶의 우선순위를 바로잡도록 도와준다. 그리고 지금까지 중요하다고 생각하거나, 강렬하게 추구하거나 흠모할 만한 가치가 있다고 생각하도록 의식적으로나 무의식적으로 길들여진 것들이 사실은 우리가 삶을 살아가는 데 있어서 전혀 중요하지 않거나 무의미하다는 사실을 일깨워 줌으로써 올바른 삶의 방향을 알려준다.

우리는 모두 반드시 늙는다. 우리가 늙으면 젊은 시절의 우리 자신은 사실상 죽은 것이나 다름없다. 또한 젊은 시절에 그렇게도 갈구하던 성공적인 삶도 지나고 나면 아무것도 아닌 것이 되고 만다. 마찬가지로 우리가 죽을 만큼 열정적이라 여겼던 사랑도 사랑이 식으면 잊히고 사라진다. 사랑에 빠져 있는 우리 자신과 상대는 둘다 죽은 것이나 다름없다. 그토록 사랑한 사람이나 사랑받은 사람이나 더 이상 현재에 존재하지 않기 때문이다. 결론적으로 나이를 먹어가고, 죽을 때까지 끊임없이 창조되고 사라져가는데 지나고 보면 우리가 그토록 죽을힘을 다해 얻으려고 노력했던 모든 것이 다 부질없음을 깨닫게 되는 순간이 찾아온다. 바로 그 순간에는 우리는 모든 것이 헛되고 헛됨을 깨닫게 되는 것이다. 그래서 '인생은 하룻밤의 꿈'이라고들 한다. 우리 인생은 어찌 보면 참 우습고 재미있기 그지없다. 사람마다, 시대에 따라 다소 달라지기는 하겠지만 일반적으로 2세 때는 똥오줌 가리는 게 자랑거리가 되고, 3세 때는 이가 나는 게 자랑거리가 된다. 12세 때는 친구가 많다는 것이 자랑거리가 되고, 18세 때는 자동차를 운전할 수 있다는 게 자랑거리가 된다. 20세 때는 섹스를 할 수 있다는 게 자랑거리가 되고 35세 때는 돈이 많은 게 자랑거리가 된다. 시간이 지나 60세가 되는데 재미있는 건 이때부터는 자랑거리가 거꾸로 된다는 것이다. 60세 때는 돈이 많은 게 자랑거리가 되고 65세 때는 섹스를 할 수 있다는 게 자랑거리가 된다. 70세 때는 자동차를 운전할 수 있다는 게 자랑거리가 되고, 75세 때는 친구들이 남아 있다는 게 자랑거리가 된다. 80세 때는 이가 남아 있다는 게 자랑거리가 되고 85세 때는 똥오줌을 가릴 수 있다는 게 자랑거리가 된다. 이 얼마나 웃기는 인생인가? 그러므로 돈 있다 유세하지 말고, 공부 좀 더 했다고 잘난 척하지 말고 건강하다 자랑하지 말고 명예 있다 거만하지 말고 잘났다고 뽐내지도 말아라. 나이 들고 병들어 자리에 눕게 되면 잘난 사람 못난 사람 너 나 할 것 없이 남의 손 도움을 받아 하루하루를 살게 된다. 그래도 죽는 날까지 남의 손의 도움을 받아 먹고살고 생리적 배설까지도 남의 도움을 받아야 하니 젊은 시절 당당하던 그 모습과 기세등등했던 것들이 다 허무하고 허망하기만 하게 느껴진다. 내 가족이 최고라며 남을 업신여기지 말아라. 나중에 가면 가족이 귀찮아하고 마다하는 일을 피 한 방울 섞이지 않은 남이 얼굴 찡그리거나 코 막지 않고도 따뜻한 마음과 미소로서 해주게 된다. 늙어 병들어 죽으면 본인의 몸도 본인 것이 아닌데 하물며 무엇이 내 것이라고 고집하겠는가. 결국 인생이란 것이 '너', '나' 할 것 없이 부모에 의존하여 대소변 가리는 것으로 시작해서 대소변 가리는 것 배워서 자랑스러워하다가 사는 날 동안 대소변 내 손으로 가리는 걸로 마감할 것 같아도 남의 손에 도움을 받다가 생을 마감한다. 이처럼 인생이란 것이 본디 참 덧없는 것이고 세상을 살아간다는 것이 그리 자랑할 것도 없고 욕심에 절어 살 것도 없다. 어차피 죽을 때 그 무엇 하나도 가져갈 수 없으니 욕심을 내려놓고 베푸는 마음으로 그냥 오늘 하루를 선물 받은 것처럼 최선을 다해 사랑하고 최선을 다해 행복해하고 감사하는

슬기로운 인간생활

맘으로 살아가면 그뿐이다.

인생 참 덧없고 무상하다. 그렇기 때문에 사는 동안 쓸데없는 부와 명예에 대한 욕심을 내려놓고 자신의 삶을 살도록 노력해야 한다. 인간이 죽기 전에 가장 후회하는 것이 온전한 내 삶을 살지 않은 것이다. 여러분의 10대와 20대는 어떤 모습이었고 무엇을 꿈꾸었는가? 50대 여성이 췌장암 말기 판정을 받았는데 시한부 인생 앞에서 자신의 나약함에 슬픔과 절망감을 느꼈다고 한다. 우리 주변에도 암 판정을 받고 속세를 떠나 자연인으로 살아가는 사람들의 이야기를 종종 듣는다

만약 당신은 지금 남은 생이 1년 정도라면 어떤 마음으로 어떻게 남은 생을 살고 싶은가? 누군가는 죽음 앞에서 소중한 것이 진짜 가치 있는 것이라고 말한다. 사람은 누구나 언젠가는 죽고 세상을 떠나는데, 늙고 죽는 것은 내가 겪을 일이라고 생각하는 사람들이 많지는 않은 것 같다. 대부분 사람은 가족이나 지인의 죽음 앞에서 인간의 삶이 유한하다는 것을 머리가 아닌 가슴으로 깨닫게 된다. 그걸 경험하게 된 이후에는 삶을 살아가는 태도가 많이 바뀌기도 한다. 하루하루 삶이 너무 소중하고 감사하고, 사소한 것에 연연하며 인생을 낭비하고 싶지 않다고 생각하게 된다. 그러므로 인생의 덧없음과 인생을 어떻게 살아야 하는지를 한 살이라도 빨리 깨달으면 좋다. 첫째, '남과 비교하지 말고 남의 떡이 더 커 보인다고 시기 질투하지 말자.' 물론 다 아는데 '타인과의 비교는 지옥의 문으로 들어서는 것이다.'라는 말이 있을 정도로 타인과의

비교를 끊어내는 게 쉽지는 않다. 우리는 살아가면서 타인과의 비교에서만 자유로워져도 아주 편안한 삶을 살 수 있다. 타인과의 비교는 부부 연인관계 등 모든 인간관계를 깨거나 악화시키는 주요인이 되기도 한다. 나보다 매력적인 사람, 나보다 잘난 사람, 돈 많은 사람 등과 비교하며 타인에 대해 쓸데없는 질투와 집착을 하는 경우가 많다. '샤덴프로이데(Schadenfreude)'는 독일어로 손해를 뜻하는 '샤덴(Scheden)'과 기쁨이라는 뜻을 담은 '프로이데(freude)'를 합성한 단어로 타인의 불행에서 느끼는 기쁨을 표현하는 용어이다. 잘나가는 친구가 은근히 부럽고 질투가 났는데 친구가 어느 날 실직 했을 때 느끼는 쾌감, 어느 것 하나 빠지지 않은 지인이 어떤 문제로 추락하는 것을 봤을 때 느끼는 쌤통 심리는 모두 타인과의 비교에서 질투와 상대적 박탈감을 느끼다 그 사람이 망했을 때 은근히 쾌감을 느끼는 심리를 말한다. 어떤 날은 나보다 잘나가는 사람과 상향 비교하며 박탈감과 우울, 초조감을 느끼고 또 다른 날은 하향 비교를 하며 우월감을 느끼게 되는데 이런 마음이 길어질수록 내 삶은 지옥이 된다. 친구가 강남아파트를 샀다고 내 삶이 달라지고 나빠지는 것도 아니고, 친구의 삶이 나락으로 빠졌다고 내 삶이 환해지는 것도 아니다. 사람들은 모두 다양한 생김새만큼 다양한 가치관을 가지고 산다. 구중궁궐 같은 좋은 집에서 살아야 제대로 사는 것처럼 느끼는 사람이 있고, 초가삼간에 살면서 유유자적하며 행복하게 살아가는 것을 최고의 삶이라고 느끼는 사람이 있다. 내가 추구하는 가치에 맞게 살면 그만인 것이다. 남들 보기에 그럴싸한 삶 말고 내 가치에 맞는 삶을 찾아 살아가는 것이 좋다. 행복을 일반화하지 말아야 한다. 세상에는 잘나가고 똑똑한 사람들이 넘쳐나는데 그런 사람들과 끊임없이 비교하면 나만 상처받게 된다. 하루하루 지금 여기서 내가 할 수 있는 일을 찾아 지치지 말고 하면 그뿐이다. 하루하루 성실히 살다 보면 내가 그토록 바라던 삶에 가까이 와 있는 자신을 발견할 수 있다.

둘째, '내 삶을 살자' 어떤 부부가 자녀의 유학비와 과도한 결혼 자금 마련 등 평생 자녀의 뒷바라지를 위해 빚을 졌고 그걸 갚기 위해 여유 없이 힘든 노후를 보내며 살고 있다는 말을 자주 듣는다. 자녀세대는 힘들기 때문에 부모가 도와주지 않으면 제대로 살 수 없다는 아내의 요구에 무리하게 빚을 낸 것을 후회하며 사는 이가 적지 않다. 또 어느 20대 청년은 가정불화로 학창 시절 부모님이 이혼을 하고 아버지와 함께 살았는데 이젠 직장에 다니며 좋은 여자를 만나 결혼도 해야 하는데, 아버지가 마음에 걸린다고 한다. 아버지가 어렸을 때부터 과도하게 집착했고, 이혼 후에는 아버지가 자신에게 의지하며 살았다고 한다. 아버지를 보호해야 한다는 답답함과 아버지의 그늘에서 벗어나고 싶은 마음에 혼란스럽고 죄책감이 든다고 한다. 정도의 차이만 있을 뿐 내 삶은 그 어디에도 없고 오직 자녀의 삶만 있는 사람들도 있고, 오직 부모의 삶만 있는 사람들도 있다.

우리 인생에서 일상생활을 혼자 영위할 수 있는 건강 수명은 70세 정도밖에 되지 않는다. 물론 개인차는 있겠지만, 건강하게 삶을 영위할 수 있는 날은 생각보다 짧다. 우리는 누구나 시한부 인생을 사는 것이다. 내가 좋아하는 것이 무엇인지도 모르고 타인과 비교하거나, 가족과 타인을 위해 지금까지 살아왔다면 이젠 내 마음에 귀를 기울이는 것이 더 나이 들어 후회하지 않는 삶을 사는 것이다. 지금까지 누군가를 위해, 무엇인가를 위해 사느라 숨겨두거나 미뤄두었던 내 자아실현의 욕구를 꺼내 내 삶을 사는 것이 좋다. 타인과 비교하며, 타인의 삶을 위해 희생했던 내 인생을 스스로 챙겨야 한다. 내가 나를 돌보지 않는다면 그 누구도 관심을 주지 않는다. 인생 마지막 날까지 친구가 되어줄 사람은 나라는 걸 잊으면 안 된다. 인생 참 부질없다. 나 자신에게 투자하고 내가 즐거운 것을 배우고 즐거라. 한 살이라도 더 늦기 전에 내가 진정으로 원하는 것을 하고 살아야 한다.

우리는 죽을 때까지 행복해지기를 원한다. 실제로 우리는 행복하기 위해 태어난 것처럼 살아간다. 하지만 우리가 살고 있는 세상이 구성된 방식을 보면 우리는 설령 운이 좋아서 행복을 약간 찾더라도 결국 우리의 행복이 소멸할 수밖에 없음을 확신한다. 세상을 살면서 고통은 언제 어디서나 마주친다. 그리고 결국 죽음이 우리의 열망에 완전한 끝을 가져온다. 우리 인간은 우리가 소중해 마지않는 영원할 것만 같은 삶을 빼앗긴다. 여기에 우리의 잘못은 없다. 어떠한 마땅한 이유도 없다. 죽음이 찾아오고 나면 우리가 살아 있을 때 우리에게 너무나 중요해 보였던 모든 것이 중요성을 잃어버리고 애초에 중요했던 적이 없었다는 사실조차도 분명히 드

러난다. 결국 우리 인간이 그토록 염원하고 갈구하던 행복조차도
덧없다.

2. 받아들임

세상은 내 바람대로
평화롭게 흘러가지 않는다

우리는 인생을 살아가면서 흔히들 "참 세상 사는 게 내 마음 같지 않다."라는 말들을 많이 하고 또 많이 듣게 된다. 그만큼 세상은 내 맘대로 절대 흘러가지 않는다. 세상의 많은 것들이 우리가 바라는 대로 존재하지 않는다는 사실을 인정하라. 우리의 삶은 하고자 하는 계획대로, 바람대로 다 되는 일은 별로 많지 않다. 그러나 거기서도 주어진 것, 주어진 환경에 자기만족을 느낄 수 있는 포용력을 가진 사람이 가장 인생을 평화롭고 행복하게 살아갈 수가 있다. 불안정하고 공포스럽기 그지없는 시대에 안정감과 평화로운 마음을 유지할 수 있도록 해주는 자연은 무한정으로 그런 힘을 준다. 처한 환경과 환경이 바뀌는 것에 두려워하지 마라. 뭔가 내

환경이 바뀐다는 건 처음엔 약간 힘이 든다. 근데 그건 처음에만 힘든 거지 새로운 환경에 또 적응하면 그것이 또 다른 나의 삶이 된다. 그렇기 때문에 처음에 대한 두려움만 극복하면 새로운 세상이 운명처럼 펼쳐진다.

우리 사는 세상의 현실은 다층적이고 다면적이지만 우리가 이해하는 현실은 부분적일 수밖에 없다. 우리 인간은 우주와 자연의 본성에 관해 제대로 이해하고 있는 사실이 거의 없다. 우리는 세상을 완전히 이해하려고 애쓰고 내 바람대로 흘러가기를 원하지만 그렇게 되지 않는다는 사실을 깨닫는다. 우리가 이해할 수 있는 통일성 같은 것, 바라는 이상적 세상은 존재하지 않는다. 아름다움과 추함, 선과 악, 사랑과 무자비함, 천국과 죽음, 빛과 그림자, 위기와 기회, 삶과 죽음은 계속해서 불가분의 관계를 유지한다. 우리는 세상이 보이는 대로가 전부가 아니며 아직 우리에게 숨겨진 더 나은 무언가가 있기를 기대하고 소망하지만 그것이 무엇인지 찾을 수 없기 때문에 절망한다. 결론적으로 우리가 소망하는 삶과 세상이 우리에게 부여하는 삶 사이에 충돌이 일어나는 경험을 하는 것이다.

우리는 이러한 세상에서 절망을 극복하고 평화와 안정을 찾기 위해 두 가지 방법을 선택할 수 있다. 첫째, 세상에 대한 우리의 기대를 낮추는 것이다. 도저히 바뀔 것 같지 않고 바뀌지 않겠다는 세상에 굳이 우리가 원하는 대로 바뀌라고 요구하지 않고 현실을 있는 그대로 받아들이는 것이다. 대부분은 우리의 기대치를 낮추는 것만으로도 충분히 삶은 살 만한 가치가 있다는 것을 재발견할 수 있다. 우리가 사는 이 세상은 언제나 삶에 대한 기쁨과 흥미를 누릴 수 있게 만들어 주는 원초적인 원동력이 존재한다. 둘째, 우리 마음이 요구하는 바에 딱 맞는 방식으로 세상을 해석하는 방법을 찾은 뒤 거기에 우리의 믿음을 두는 것이다.

살아 있음에 행복하라

인생 참 허망하다. 그러니 살아 있음에 행복하라. 이미 살고 있음이 이긴 것이다. 그러니 행복하게 사는 삶만이 남는 장사다. 우리는 생로병사 하는 삶 속에서 흥망성쇠를 거듭하며, 날마다 희로애락하면서 사는 것이 전부다. 그러니 주어진 삶을 사는 동안 '그래서 행복하고, 그럼에도 불구하고 행복하라'는 주문을 가슴에 새기며 살면 우리 인생은 어찌되든 행복한 삶이 된다. 아침에 눈을 떴을 때 좋은 일이 일어나길 바라기보다는 그저 아무일도 일어나지 않음에 '오늘도 별일 없이 산다는 것'에 고맙고 행복하자. 그러니 태어난 것에 대해서는 삶의 기적에 감사하고, 아프면 건강하다는 신호라 여기고 감사하고, 늙는 것은 잘 살고 있다는 것이기에 감사하고, 죽을 때는 '세상에 태어나 한바탕 잘 놀다 가는구나.' 생각하며 감사하면 그만이다. 죽음은 마치 이야기의 결말처럼 이야기를 마무리함으로써 이야기 자체에 의미를 부여하는 것과 같이 우리의 존재에 한계를 정해 줄뿐만 아니라 어떤 식으로인가 우리의 존재를 완성해준다는 면에서 의미가 크다.

우리의 삶 자체는 기적이고, 성공이고 행복이다. 그러니 굳이 '삶의 의미가 무엇이냐?'는 그 누구도 절대적이거나 형이상학적 의미에서의 해답을 찾을 수 없는 것으로 고심하거나 인생을 낭비하지 말아라. 물론 세상 모든 것에 궁극적 의미가 있으리라고 짐작하지만, 우리의 보잘것없는 정신으로는 그 의미를 헤아릴 수 없다는 것도 이미 알고 있다. 어떤 존재의 의미는 그것을 포함하는 총체와의 관계 속에 있으니까. 그런데 어떻게 우주 속에서 한 점 티끌 먼지보다도 작은 생명의 한 파편, 한 단면이 자기의 한계를 벗어나서 세상의 총체성을 파악하고 이해할 수 있겠는가? 우리는 '세상'이나 '삶', '영원', '무한', '태초'와 '종말'같은 단어들로 말장난하지만, 마음속으로는 그런 말들이 그저 우리 무지의 표식에 불과하다는 것을 잘 알고 있다. 왜냐하면 그 단어들의 진정한 의미를 우리는 절대 이해할 수가 없기 때문이다.

몇 년 전에 형님들과 부모님의 죽음을 지켜보면서 사람 목숨 끊어지니 아무것도 아니구나 하는 생각이 들었다. 그 후로 내가 살아서 숨을 쉬고 먹고 마시고 이렇게 즐기고 있는 모든 것이 기적이고 축복으로 여기고 하루하루를 감사한 마음으로 살아가게 되었다.

행복은 조건이나 소유물이 아니다. 아름다운 것들도 결국 허무하게 진다. 꽃이 그렇고, 풀이 그렇고, 인생이 역시 그렇다. 우리 속담에 '개똥밭에 굴러도 이승이 좋다'라는 말이 있다. 사실 살아 있다는 것은 굉장히 행운이다. 배고플 때 음식을 먹는 행복, 목마를 때 물을 마시는 행복, 졸릴 때 누워 자는 행복, 누구랑 이야기하고 싶을 때 대화할 수 있는 행복, 우리가 살아 있다는 것 하나로 오감을 통해 누리는 그 모든 것들이 사실 행복이다. 행복은 우리 삶 도처에 널려 있다. 우리에게 주어진 삶이 궁핍하던, 풍요롭던 삶은 이미 기본적인 수준에서도 충분히 풍성하고 아름답다. 물론 사람마다 삶을 대하는 방식과 태도에 따라 같은 상황을 전혀 다른 식으로 경험할 수 있으며 느낄 수 있다. 하지만 민감한 감수성을 가지고 있는 한 우리의 삶은 언제나 살 만한 것이다. 그러니 유한한 시간을 요긴하게 쓰고, 그냥 살아 있음의 행복을 실컷 누리도록 하라.

아픈 만큼 성숙해진다

우리의 인생은 항상 평탄하지만은 않다. 누구나 한 번쯤은 하늘이 무너져 내리고 모든 게 끝날 것처럼 죽을 만큼 힘든 날이 있다. 그러나 삶의 힘든 굴곡을 맞이하더라도 그대로 받아들이고 중간에 멈추지 않는 것이 중요하다. 인생의 막다른 길 끝이라 여겨지는 곳에서도 반드시 출구가 있다는 것을 살면서 알게 된다. 그래서 '하늘이 무너져도 솟아날 구멍이 있다.'는 속담이 있지 않은가? 어떤 때는 오늘은 도저히 못 할 것 같다고 하면서도 묵묵히 하다 보면 목적지에 도착해 있는 경우가 많다.

누군가 내게 "삶이 힘들지 않나요?"라고 묻는다면 "그렇게 말씀하시는 당신도 삶이 때론 힘들잖아요."라고 말해주고 싶다. 누구나 삶의 고통은 있다. 단지 그것을 어떻게 극복하느냐에 달린 것이다. 누군가 앞으로 어떤 삶을 살고 싶은가요? 묻는다면 "내가 알지 못한 것들…, 내가 알아야 할 것들…, 그 부분에 대해서 지금 현재의 삶을 최선을 다해 살면서 알아 가면서 현명하게 살아갔으면 할 뿐이다"라고 이야기하고 싶다.

인생의 고통을 감내하고 인내하며 묵묵히 살아가야 한다. 왜냐하면 삶에서 오는 고통과 고난은 우리 인간을 더욱 성숙하고 단단하게 만들어 주기 때문이다.

고통과 고단한 삶을 인내하고 감내하고 이용하고 극복함으로써 삶을 더욱더 위대하게 만들고 가치 있게 만든다. 그렇기 때문에 우리 인간은 더 이상의 고통을 찾을 수 없을 때 고통을 고안해 내기까지 한다. 어쩌면 우리가 몸을 단련하기 위해 고통을 마다하고 운동함으로써 체력을 단련시키듯이 우리 인생은 진짜든 가짜든 고통 위에서 성장하고 발전한다고 할 수 있다.

매사에 감사하라

매사 감사함은 살면서 혹시라도 교만해지거나 오만 해질 수 있는 자신을 다 잡을 수 있는 소중한 의식이다. 살다 보면, 어느 순간부터 자신에게는 '당연한 것'들이 늘어나게 된다. 예를 들면 부모 자식 간의 사랑, 친구들과의 우정 부부간의 믿음, 일할 수 있다는 것, 건강하게 산다는 것 등등 그런데 이런 소중한 것들을 당연하다고 여기며, 그것에 더 이상 감사함을 느끼지 못하게 되면 결국 그 관계는 더 이상 유지가 어렵게 되고 그때부터 갈등과 불만이 싹트게 된다. 인생에서 어려움이 닥치는 전조 증상 중 하나가 좋은 인연들과 헤어짐이다. 이 같은 경우는 살면서 우리 주변에서 심심치 않게 볼 수 있는데 결국 자신에게 주어진 모든 것에 감사하며 소중히 대한다면 살면서 어떤 어려움이 닥치더라도 잘 넘어갈 수 있게 된다. 매사에 감사함을 갖는다면, 자연스럽게 겸손하게 되며, 이에 좋은 운의 흐름을 가져오게 한다. 운은 흐름과 같기에 한번 손에 잡은 좋은 흐름은 계속해서 유지하는 노력이 필요한 것이다. 만약, 교만하지 않고 늘 겸손하며 매사 감사해 하고 주어진 삶을 대한다면 항상 좋은 운의 흐름이 가득한 상황이 되는 것이다.

아침에 눈을 떴을 때 오늘 또 다른 하루가 주어짐에 감사하고, 잠자리에 들 기전에 오늘 하루도 고단하고 힘들었지만 참 잘 보내게 해주어서 감사하다는 마음으로 하루하루를 살아가면 평생의 삶에 감사하게 되고 일생이 행복하게 된다. 언제 어디에 머물러 있든지 "저는 여기 앉아만 있어도 되게 좋아요. 그냥 좋아요. 아 이 렇게 삶이 흘러 가는구나, 내일도 여기에 앉아 있으면 참 좋겠구 나. 10년 후에도 앉아 있으면 좋겠구나." 하며 주어진 시간과 환경 에 감사하며 살자. 모든 인간이 자기 자리를 찾는 게 굉장히 중요 하다. 어디든 높고 낮음이 중요한 게 아니라 정말 자기가 있어야 할 자리, 모두가 여기가 자기 삶의 자리라는 생각을 하고 살면 삶 이 편안해진다. 또한 가진 것이 많고 적음이 중요한 게 아니라 정 말 현재 자신이 가지고 있는 모든 것에 감사하고 살면 바로 그것이 행복이다. 주어진 것에 감사하고 살도록 하자. 오늘 하루가 주어진 인생의 전부인 것처럼 살자. 우리가 못 가진 걸 후회하기보단 가진 걸 감사해하며 살자.

완벽한 삶도, 완벽한 사람도 없는 법. 대부분 사람은 95%의 행 운과 5% 불운이 혼재되어 있는데 5%의 불운 때문에 95% 행운을 놓치고 산다는 말이 있으며, 사람은 95%는 마음에 드는데 5%는 마음에 안 드는 점이 있어 5%의 마음에 안 드는 것 때문에 95%의 좋은 점을 못 본다고 한다. 불과 5%의 불운과 5%의 마음에 들지 않는 것으로 인해 95%의 행운과 95% 좋은 점을 놓치지 말자. 모 든 것 하나하나에 고맙게 생각하자. 빗방울 하나도 고맙고 물방울 하나도 고맙고 바람 한 점도 고맙고 눈 한 개도 고맙게 생각하자.

3. 내려놓음

무엇을 위해 이렇게까지 하는 것일까?

　모든 인간은 살면서 한 번쯤은 너무 힘들 때면 "한번 태어난 인생 왜 이렇게 힘들고 아프고 고통스러울까?" "나는 도대체 무엇을 위해서 이렇게 살고 있나?" 스스로에게 묻곤 한다. 그럴 때마다 주변 지인들의 삶, 자연과 함께하는 시간, 사랑하는 가족들을 삶을 떠올려 보면 마음도 놓고 살아가는 힘을 얻게 된다. 삶을 살아가는 데 있어 혼자서만 살아갈 수는 없다. 왜냐하면 가정이 평화롭고 주변이 안정적이어야 무탈하게 살 수 있다. 만약에 가정에 우환이 있거나 안 좋은 일이 있으면 삶을 온전하게 살아갈 수가 없다. 걱정되어 손에 일이 잡히지도 않고 그러다 보면 의도하지 않은 일이 발생할 수도 있기 때문에 주변의 함께하는 모든 것에 감사해야 한다. 내가 태어날 수 있게 해준 부모님, 있는 존재만으로도 정말 큰 힘이 되는 가족들 잘 생활할 수 있게 해주는 배우자, 살면서 함께 하는 모든 주변의 사람들에게 감사하면 그만이다.

　우리는 좀 더 행복하기 위해서 학교를 다니고, 좀 더 행복하기 위해서 직장을 다니거나 사업을 하고, 좀 더 행복하기 위해서 결혼을 하고, 좀 더 행복하기 위해서 자식을 낳고, 좀 더 행복하기 위해 미래를 꿈꾸지만 학교 다니기가 괴롭고, 직장생활과 사업으로 고통스러워하고, 결혼생활로 힘들어하고, 자식으로 인해 걱정과 불안 속에 하루하루를 살고, 미래의 꿈으로 인해 방황과 혼란 속에 힘겨운 삶을 살아가곤 한다. 우리는 평생을 좀 더 행복하기 위해서 끊임없이 뭔가를 시도하며 살다가, 제대로 행복의 맛도 보지 못하고 고통과 괴로움 속에 늙어 죽는 게 우리 인생이다. 인간이 그토록 원하는 자본의 소유권은 때가 되면 사라져 버리고 결국 남는 건 이루지 못한 꿈뿐이다. 그렇기 때문에 어느 순간을 시작으로 시시때때로 '도대체 무엇을 위해 이렇게까지 하는 것일까.' 하는 회의를 느끼게 된다. 나이가 들수록 이러한 궁금증은 더욱 커지게 된다. 어차피 우리 인간의 삶에는 어떤 목적도 의미도 없다 그냥 태어나서 존재하니 존재로서 생존을 위해 사는 것뿐이다. 그런데도 어제보다 나은 오늘이 되고, 오늘 보다 더욱 가치 있는 내일이 될 수 있도록 하루하루를 성실하게 노력하며 최선을 다해 삶에 대해 인내하며 살아가야 한다. 그 끊임없는 인내 속에서 견실한 자세로 겸허하게 살아가는 것 자체가 우리가 살아가는 목적과 가치로서

빛을 발할 것이다.

단순하고 소박한 삶

자신이 대단한 존재로 생각하고 교만하게 사는 것만큼 인생을 불행하게 만드는 것이 바로 삶이 대단하다고 생각하는 것이다. 삶이 대단하다고 생각하면 그 순간 삶은 무거워진다. 삶이 별게 아니라고 생각하면 그 순간 우리 삶은 가벼워진다. 하루 세끼 밥 먹고, 물 마시고, 일하고, 잠자고 매일의 일상이 우리 삶의 전부다. 삶을 어떻게 사느냐, 어떤 마음과 생각으로 살아가느냐에 따라 결과는 달라진다. 삶의 행복과 즐거움은 먼 곳에 있는 게 아니라 바로 지금 여기에 있다. 물질적으로 가지고 있는 것이 많고 적음은 우리 삶에 있어서 본질적으로 크게 중요하지 않다. 비록 가진 것 없고 가난하다 할지라도 결국은 살아서 존재하고 머리를 들어 봄, 여름, 가을, 겨울의 하늘을 볼 수 있고, 공기와 바람, 흙과 물, 해와 달, 숲에 있는 나무와 돌들을 보고 느끼고 기뻐할 수 있다면 그것으로 성공한 삶이다. 다행스럽게도(?) 최근 들어 미니멀 라이프(Minimal Life)를 선호하는 사람들이 많이 늘어나고 있다. 미니멀 라이프는 불필요한 물건이나 일 등을 줄이고 일상생활에 꼭 필요한 적은 물건으로 살아가는 '단순하고 소박한 생활방식'이다. 이러한 생활방식을 실천하는 사람들을 미니멀리스트(Minimalist)라고 부르는데 이들은 절제를 통해 일상생활에 꼭 필요한 최소한의 물건만으로도 만족과 행복한 삶을 추구하며 살아간다. 미니멀 라이프의 근간은 인생에서 진정 소중하고 본질적인 것에 집중하여 자기 본연의 모습을 찾아가는 데에서 행복을 찾을 수 있다는 깨달음이다.

오늘을 잘 사는 사람은 내일도 잘 살아갈 가능성이 높고 삶을 잘 사는 사람은 죽어도 여한이 없을 정도로 매일 행복할 것이다. 결국, 중요한 것은 '현재' '이곳에서'의 삶을 즐겁고 행복하게 잘 사는 것이다. 소유가 많으면 많을수록 삶은 무겁고 부자연스럽다. 남들이 원하는 삶, 관념적인 삶을 살지 말고 자신이 원하고 구체적이고 사실적인 삶을 사는 것이 진정한 나의 삶이고 나의 행복인 것이다.

삼무(三無: 無執着, 無我執, 無我)

집착(執着)은 어떤 대상에 마음이 쏠려 매달리는 것이다. 집착하게 되면 시야가 무척 좁아져 있는 대상 외에는 다른 것에 신경을 쓰거나 관심을 가질 여유가 사라지게 된다. 집착은 살아가는 데 필요한 '기본 욕구'에서부터 '욕망'과 '탐욕'에 이르기까지 점차 확대된다. 그렇기 때문에 행복한 삶에서 점점 멀어지게 된다. '산천은 의구하되 인걸은 간데없다'라는 성현의 말씀처럼 욕심 내서 악착같이 좇으면 못 살고 나에게 주어진 만큼 거둬가면서 사는 게 우리 삶이다. 순리대로 사는 삶 그게 곧 행복이다. 더없이 행복한 삶이라 하더라도 인간은 항상 충분하지 않다고 생각한다. 사실 무집착(無執着)은 삶을 위해 필요한 욕구만을 충족하고 욕망과 탐욕이 없는 상태로, 나 자신의 심대한 고통에 반응하거나 고통을 겪는 모든 생명체를 향해 느끼는 무한한 연민에 반응하여 발생하므로 매우 지고지순한 행위라 할 수 있다.

무언가를 원하기를 그만두고 즐거움을 추구하지 않으며, 무언가에 애착을 느끼기를 거부하는 무집착(無執着)의 상태에 이르면 세계와 세계 속에서 우리가 지니고 있는 물리적 존재에 완전히 무관심해질 수 있다. 스스로 굶주리기를 선택하고 자발적인 가난 속에서 사는 삶을 선택한다. 무엇보다도 더 이상 존재에 대해 연연해하지 않기에 항상 순결 상태를 유지하기도 한다. 그러면 더 이상 어떠한 일에도 영향을 받지 않게 된다. 모든 일이 전혀 중요하지 않은 시시한 한낱 꿈처럼 여겨지기 때문이다. 이처럼 삼무의 삶을 죽는 날까지 이어 나가면 사는 동안 평생 동안 평화와 행복을 누릴 수 있을 뿐만 아니라 죽는 순간에도 구원을 얻을 수 있다. 무집착에서 벗어나는 가장 쉽고 간단한 방법으로는 지금 자신이 가진 것에 만족하고, 지금 이 순간의 삶에 집중하며 살아가면 된다.

아집(我執)은 자기 중심의 좁은 생각에 집착하여 전체를 보지 못하고 자기 중심의 한 가지 입장에서만 사물을 보고 문제를 해결하려는 사고방식을 말한다. 즉, 자기를 세상의 중심으로 삼기에 다른 사람의 의견이나 입장을 고려하지 아니하고 자기만을 내세우는 모든 생각과 마음이다.

모든 사람은 자기 삶 고유의 철학과 가치관, 삶을 이해하는 방식을 가지고 있으며 이 철학과 가치관이 세상을 바라는 방식과 삶을 대하는 태도를 결정한다. 어떤 경우든 세상은 특정한 개인의 해석에 종속되어 있어서 세상은 사람마다 다르게 보이며, 다르게 느껴진다. 이것은 우리 삶에 있어서 매우 중요하다. 우리가 세상을 어떻게 보고 느끼느냐에 따라서 우리가 세상에서 어떤 행동을 하고 어떤 삶을 살 것인가를 결정하기 때문이다. 예전엔 나는 나의 눈을 믿었다.

그러나 '나의 눈도 믿을 것이 못 되는구나.'를 깨닫게 되었다. 나는 나의 머리도 믿었다. 그러나 나의 머리도 믿을 게 못 된다는 것을 깨닫게 되었다. 우리는 보고 들은 것이 꼭 진실이 아닐 수도 있음을 깨달아야 한다. 더 나아가 옳은 것과 그른 것이 본래 없다는 것을 깨달아야 한다.

인간은 보통 무엇을 판단하기 위해 최대한 많은 정보를 모은 다음 상식에 근거하여 판단을 내린다. 그리고 이 과정에서 우리는 보고 들은 것을 맹신하며 자신의 판단이 절대적으로 틀림없이 올바른 판단이었다고 착각하곤 한다. 하지만 우리 인간이 내리는 판단에는 늘 한계가 있다.

그리고 이 점은 많은 사람도 알고 있기에 최대한 신중하게 생각한다. 하지만 간혹 우리가 직접 보고 들은 것에는 너무 강한 확신을 가지기도 한다. 멀리 있는 숲 전체를 보지 못하고 내 눈앞의 나무만 보다 보면 결과적으로 신중하고 올바른 판단을 그르치고 만다. 인간의 눈과 귀, 그리고 머리는 그리 믿을 게 못 된다. 보통 우리는 늘 "내가 직접 보았다.", "내가 직접 들었다."라면서 자기 주장을 확신한다. 하지만 직접 보았더라도 직접 보지 않은 것처럼 거리를 두고 생각하는 것이 더 올바른 판단을 내리게 된다.

무아(無我)는 만물에는 고정 불변하는 실체로서의 나(實我)가 없다는 불교의 근본사상에서 나온 것으로 글자 그대로 해석하면 '나(自我)'라는 것은 본디 없다는 뜻이다.

우리 자신의 존재를 포함한 모든 존재는 인연(因緣)에 따라 발생한 것이기 때문에 연기(緣起)의 법칙에 의해 지금 존재하고 있다는 측면에서만 그 존재성이 인정될 수 있는 것이다. 존재는 그냥 존재일 뿐이라는 것을 깨달아야 한다. 실제로는 거기에는 어떠한 자아(自我)나 실체(實體) 같은 것은 없는 제행무상(諸行無常, 제법무아(諸法無我)의 존재이다.

무아의 삶을 사는 사람은 낮은 자세로 살아가는 사람이다. 이렇게 사는 사람은 일에 대해 시비하거나 불평할 일이 없다. 그저 주어진 모든 것을 감수하며 인정하며 자기 자신을 내려놓고 사는 사람이다. 이러한 사람은 어떠한 일을 하더라도 하늘이 돕고 주위의 많은 사람이 그를 도와 오히려 성공적인 삶, 행복한 삶을 살아가게 된다.

4. 끌어당김

구하라 그럼 얻을 것이다

우리는 날마다 두 가지 선택 중 하나를 택해 살아갈 수 있다. 지금부터 살거나 지금처럼 살거나…. 지금까지 만족스럽고 행복한 삶을 살아왔다면 계속 지금처럼 살면 될 것이며, 지금까지의 삶이 불만족스럽다면 이제라도 새로운 삶을 살아가면 된다. 꿈꾸고 원하는 삶은 가만히 있는다고 주어지지 않는다. 물론 노력한다고 원하는 삶이 다 이루어지는 것도 아니다. 하지만 진정 자신이 원하는 행복한 삶을 살기 위해서는 자신의 힘으로 만들어야 한다. 성경 구절에 '구하라, 그러면 얻을 것이다.'라는 말이 있다. 구하라, 그러면 너희에게 주실 것이요. 찾으라, 그러면 찾을 것이요. 문을 두드리라, 그러면 너희에게 열릴 것이니 구하는 이마다 얻을 것이요, 찾는 이가 찾을 것이요. 두드리는 이에게 열릴 것이니라(마태복음

7:7).'라고 한다. 이는 종교적 언어뿐만이 아닌 우리 삶 곳곳에서 확인할 수 있는 일로 무언가를 간절히 원하고 바란다면 그 또한 현실이 된다.

궁하면 통한다

우리는 살면서 '궁하면 통한다(窮則通).'라는 말을 자주 쓰곤 한다. 사전적 의미로는 어떤 것이 없으면 없는 대로 살아 나갈 수 있음을 이르는 말이다. 하지만 '궁하면 통한다(窮則通).'는 말만 믿고 기다리고만 있다가는 상황이 더욱 나빠져서 멸할 수(窮則滅)도 있다. 궁즉통(窮則通)은 주역에 실린 원문을 보면 '窮卽變, 變卽通, 通卽久 是以 自天祐之(궁하면 변하고 변하면 통하고 통하면 장구하다. 이것이 하늘이 돕는 것이다).' 이렇게 나와 있다. 원문의 앞뒤를 떼어내 버리고 원래의 뜻과 전혀 다른 뜻으로 쓰이고 있는 말의 하나다. 즉, 원래 궁즉통(窮則通)이 아니라, 궁즉변(窮卽變)이다. 이 말이 세월이 흘러 후대에 앞뒤를 잘라 붙여 궁즉통으로 쓰이면서 '궁하면 통하게 되어 있다.'로 해석되고 있는 것이다. 궁극에 달하면 변하게 되고, 변하면 통하게 되고, 통해야만 오래 가는 것이 세상의 이치이다. 그러기에 궁하면 자기가 스스로 변해야 하고, 그렇게 변해야 비로소 통하게 되어 마침내 궁함을 면할 수 있는 것이다. 자기 자신이 먼저 변화하지 않으면서 주변 상황이 변하길 기다리다간 상황이 오히려 더 나빠질 수도 있다. '하늘도 스스로 돕는 자를 돕는다.'라고 하지 않았던가? 스스로 노력 없이 상황이 바뀌기만 기다리다가는 어느 세월에 상황이 나아질 것인가? 결국 필요하면 무언가 얻을 방법을 찾아 나서야 한다. 그렇게 해서 방법을 얻게 되면 삶에 변화가 찾아와, 멋진 삶을 살아갈 수 있게 된다. 그러니 어려움이 닥칠 때마다 기다리지만 말고 새로운 방안을 모색해야 한다. 강물이 강의 지형에 따라 흘러 바다로 흘러가듯이 세월의 흐름에 따라 생각의 틀을 바뀌어야 세상이 바뀌어 궁(窮)함을 면할 수 있다.

변화를 받아들인 종(種)들만이 지구상에 살아남게 되고, 변화와 도전을 두려워하는 종(種)들은 도태되고 만다. 변화는 많은 기회를 가져온다. 변화는 두려움의 대상이 아니라 새로운 도약의 기회가 된다. 물론 살아남기 위해서 항상 변화해야 하지만 변화를 위한 변화는 오히려 삶을 더욱 위험하게 한다. 변화 속에서도 변하지 않아야 할 근본정신은 변화 속에서도 절대로 변하지 않는 상수(常數)가 있어야 하는데 모습은 변해도 근본정신만은 변해서는 안 된다는 '변화 속의 항상성'이다. 갈댓잎이 흔들리고 대나무가 흔들려도 결코 부러지지 않고 유연하게 살아갈 수 있는 이유는 아무리 강력한 태풍이 몰아쳐도 흔들리지 않는 견고한 뿌리가 굳게 자리 잡고 있기 때문이다. 오늘날 우리는 변화할 것과 변화하면 안 될 것을 구별하는 지혜를 요구하는 세상에 살고 있다.

인간에게는 원래 실낱같은 희망만을 가지고 있다고 해도 그 한 줄기 희망의 빛을 잡고 절망적 상황 속에서도 빠져 나올 수 있는 강한 힘과 초월적인 잠재 능력이 있다. 다만 자신에게 숨겨진 이런 힘과 능력을 깨닫지 못하거나 스스로를 불신하며 희망과 용기를 갖지 못하는 것이 문제다. 살면서 우리는 많은 위기와 고통에 직면하게 되는데 이런 위기의 상황, 고통의 상황 속에서도 희망과 용기를 잃지 않고 자신에게 내재된 강력한 힘을 깨닫고, 발휘한다면 위기와 고통으로부터 능히 벗어날 수 있으며, 오히려 더 좋은 결과를 이뤄낼 수 있다. 긍정적인 생각과 간절한 믿음이 만났을 때 매우 강력한 힘을 발휘한다.

소원을 끌어당기는 37가지 법칙

호주 방송인 론다 번(Rhonda Byrne)의 '시크릿(The Secret)'은 2006년 영화와 책으로 동시에 발표되어 두 가지 모두 경이적인 성공을 거두며 시크릿 열풍을 몰고 왔다. 시크릿은 우리의 내면에 잠재된 비밀의 힘(끌어당김의 법칙)을 이용하면 좀 더 개인에게 행복한 삶과 물질적인 성공을 가져다줄 수 있다고 한다. 이러한 시크릿이 아니더라도 하나님이나 부처님 혹은 자신이 믿는 신에게 소원을 빌 때 좋은 결과를 제대로 이끌어 낼 수 있는 소원을 제대로 끌어당길 수 있는 세 가지 방법이 있다.

첫째, 소원을 빌 때 가장 핵심은 소원이 완료된 것처럼 완료형으로 요청해야 한다. 즉, 소원이 이루어졌다고 생각하고 소원이 이루어진 것에 대한 감사의 마음으로 소원을 요청하는 것이다. 시크릿의 '끌어당김의 법칙'에서도 원하는 소원이 당연히 이루어질 것이라고 믿어야 한다고 하였으며, 성경의 마가복음에서도 구하는 것은 받은 줄로 믿으라고 하고 있다. 이처럼 믿음에 힘을 최대한 발현하기 위해서는 소원을 빌 때 반드시 완료형으로 하는 것이 절대적으로 중요하다. 예를 들어 자신의 소원이 많은 돈을 벌어 부자가 되는 것이라면 "부자가 되게 해주세요." 이렇게 소원을 비는 것이 아니라 "많은 돈을 벌어 부자가 되게 해주어서 정말 감사합니다."라고 해야 한다.

지금 한번 해 보라. 그리고 직접 차이를 느껴보라. 아마 엄청난 차이가 느껴질 것이다. 그렇기 때문에 소원을 제대로 빌기 위해서는 "무엇 무엇을 해주세요." 이런 게 아니고 "무엇 무엇이 되게 해주어 감사합니다."라고 하는 것이다. 이처럼 완료형으로 기도를 하게 되면 우리는 더욱 이것이 이루어진다는 마음을 자연스럽게 형성하게 된다. 이는 끌어당김의 법칙에 따라 더욱 쉽고 강력하게 나의 소원을 끌어당기게 된다. 하나님, 부처님, 혹은 자신이 믿는 신 또는 우주에게 기도하는 것은 자신이 믿는 존재에 대해 절대적인 믿음을 가진다는 것을 의미한다. 만약에 역지사지로 당신이 신이라고 가정해 본다면, 어떤 한 사람은 믿음과 확신을 가지지 않고 자신에게 소원을 빌고, 반면에 다른 한 사람은 자신에 대한 믿음을 확실히 가지고 소원을 요청한다면 후자의 소원을 들어줄 것이다. 이처럼 완료형으로 소원을 요청하는 것은 내가 믿는 하나님이나 부처님 또는 우주가 나의 소원을 확실히 들어줄 것이라는 확신과 믿음을 가지고 있다는 것이기도 한다. 무엇보다 정말 중요한 것은 이미 이루어진 것으로 생각하고 성공한 것처럼 말하고 기도한다면 우리의 뇌도 확신을 가지고 그 소원이 이루어지게 될 것을 굳게 믿게 된다. 그리고 뇌가 믿으면 행동이 자연스럽게 바뀌고 소원을 이룰 수 있는 행동들을 자연스럽게 더 많이 하게 되는 것이다.

둘째, 소원을 빌 때는 최대한 구체적으로 해야 한다. 무작정 "부자가 되게 해 주세요."가 아니고 "내가 하고 있는 사업의 수익이 갈수록 늘어나 부자가 될 수 있게 해주셔서 정말 감사합니다."라고 하는 것이다. 구체적으로 말한다는 것은 네비게이션을 설정하는 것과 같다. 만약 강원도 속초에 있는 어떤 맛집을 가고 싶은데 그냥 네비게이션에 강원도만 목적지로 설정한다면 어떻게 될까? 강원도에 도착은 하겠지만 속초에 있는 맛집을 가기 위해서는 시간이 한참 걸릴 것이다. 많은 시간이 지나도 목적지에 도달하지 못하고 결국에 포기할 확률도 아주 높다. 하지만 목적지를 제대로 설정하면 네비게이션은 그 목적지까지 이끌어 주게 된다. 우리는 네비게이션을 따라가기만 해도 원하는 목적지에 도착하게 된다. 예를 들어, 만약 자신의 소원이 그림 같은 아름다운 정원이 있는 아담하고 예쁜 집을 가진 것이라 가정해 보자. 그 소원을 빌 때 그냥 "내가 원하는 집을 얻게 해 주세요."라고 하지 않고 구체적으로 "그림 같은 아름다운 정원이 있는 아담하고 예쁜 집을 가질 수 있게 되어 정말 감사합니다."라고 기도를 하는 것이다. 아마 확연히 다르게 느껴질 것이다.

셋째, 소원을 빌 때 절대로 놓쳐서는 안 되는 것이 있는데, 그것은 바로 소원을 다 빌고 마지막에 반드시 "그것이 이루어져서 감사합니다."라고 말하는 것이다. 원하는 소원이 이루어진 것에 대해 감사의 인사를 말한다는 것은 어쩌면 별거 아닌 것처럼 생각될지 모르지만 이는 엄청난 효과가 있다. 감사의 인사를 말하게 되면 나의 소원이 이루어짐에 더욱 믿음과 확신을 가지게 되기 때문이다. 소원을 끌어당기는 보이지 않는 힘은 이런 믿음과 확신에서 나오기 때문에 반드시 마지막엔 감사의 인사를 덧붙여 주기 바란다. 감사하는 것은 그 자체로 엄청난 힘을 지니고 있다. 이 강력한 힘은 우리가 소원을 빌 때 매우 큰 효과를 나타내도록 도와줄 것이다. 잊지 말고 마지막엔 정말 감사한 마음으로 "소원을 들어주셔서 감사합니다."라고 "감사합니다."를 반드시 붙이도록 하자.

이처럼 원하는 소원을 빌 때 완료된 것처럼 완료형으로, 최대한 구체적으로, 마지막엔 반드시 "감사합니다." 하고 감사 인사를 덧붙여 모두가 꼭 원하는 소원을 끌어당겼으면 좋겠다.

5. 모든 것은 나에게 달려 있다

아직도 성공과 행복을 믿나요?

인생을 살면서 정신적 지주였던 가족의 죽음이나, 본인의 건강을 잃게 되면 성공과 행복의 의미를 다시금 생각해보게 되고, 너무 앞만 보고 열심히 살았던 자신의 삶이 언제 죽을지 모르는 죽음 앞에 아무것도 아닌 것이었다는 것을 느끼는 순간 그토록 후회하고 심지어 분노마저 치밀어 오를 때가 있다.

삶과 행복의 의미를 깨닫게 되면 사물을 보는 관점이나 사람을 보는 관점, 나 자신을 보는 관점이 달라지게 된다. 그러고 나면 화나고 분하고 했던 일들, 힘들었던 삶의 아픔이 그렇게라도 내게 베풀어진 것에 관해 감사하는 마음이 생긴다.

대부분 사람이 지향하고 추구하는 바는 소위 '출세' 또는 '성공'으로 요약할 수 있다. 그들이 지향하고 추구하는 것들은 세상을 살아가는 데 있어서 수반되는 부수적인 요소 중 하나이거나 아니면 복합적인 것이다. 우선 먹고 살기가 어려운 사람들은 그저 잘 먹고 잘 사는 것을 바라며, 먹고사는 문제가 해결되면 명예를 생각하게 된다. 그래서 거의 모든 사람은 끊임없이 더 크고 더 많은 것을 원하고 추구하게 되는데, 그러다 보면 욕심이 지나쳐 무리하게 되고 결국 자신을 망치는 경우를 흔히 보게 된다.

많은 사람은 자신이 아직 이루지 못했거나, 얻지 못했을지라도 자신이 이루고 얻고자 하는 것을 위해 쉬지 않고 수고를 마다않고 노력하며 살아간다. 그러나 여기서 한가지 주의해야 할 것은 바로 우리가 무엇을 위해 살든 우리가 이루거나 이루려고 하는 것들은 결코 우리 자신이 아니라는 것이다.

텍사스 대학의 하네만 오리츠(Hannemann Ortiz) 교수가 쓴 유명한 이야기가 있다. 멕시코의 조그만 어촌 마을을 방문한 한 미국인 벤처투자자가 해변에서 어부를 만났다. 그는 어부에게 물었다.

"이 물고기를 잡는 데 얼마나 걸렸습니까?"

"얼마 안 걸렸어, 그저 잠깐."

투자자가 궁금한 듯 또 물었다.

"왜 더 오래 배를 타면서 더 많은 고기를 잡지 않는 거죠?"

어부는 대답했다.

"그야, 이 정도 물고기면 가족들이 당장 필요한 것을 구할 수 있으니까."

투자자는 다시 물었다.

"물고기를 잡지 않는 시간에는 뭘 하시죠?"

어부는 자랑스럽게 말했다.

"늦잠 자고, 애들이랑 놀아 주고, 마누라랑 낮잠 자고, 포도주 한 잔 마시고, 친구들이랑 기타 치며 논다오."

투자자는 어부에게 다음과 같은 제안을 했다.

"아저씨께 성공하는 법을 알려드리죠. 만일 아저씨가 고기를 잡는 데 더 많은 시간을 투자한다면, 아저씨는 돈을 모아 더 큰 배를 살 수 있을 겁니다. 더 큰 배로 더 많은 고기를 잡으면 또 배 몇 척을 더 살 수 있겠죠. 그 담에 큰 생선 납품업체를 운영할 수도 있고요. 사업이 커지면 멕시코 시티 같은 도시로 나가게 될 겁니다. 거기서 사업이 더 커지면 미국 LA를 거쳐 뉴욕까지 진출하는 겁니다."

이에 어부는 물었다.

"그게 얼마나 걸리오?"

"한 15년에서 20년 걸리겠죠."

그러자 어부는

"그런 다음에는?"

하고 물었다. 그러자 벤처투자자가 말했다.

"바로 그다음은 아저씨 인생에 있어 최고의 날이 되는 겁니다. 아저씨는 아저씨 기업의 주식을 상장하고 주식을 사람들에게 팔아 백만장자가 되는 거죠."

어부는 "백만장자?" 하더니, "그다음엔 뭘 하지?" 하고 또 물었다.

"그런 다음 은퇴하여 조그만 어촌으로 내려가 늦잠 자고, 애들이랑 놀아주고, 마누라랑 낮잠 자고, 포도주 한 잔 마시고, 친구들이랑 기타 치며 행복하게 놀면 되죠"

이에 어부는 웃으며 말하였다.

"이보시오 투자자 선생, 나는 이미 그렇게 살고 있지 않소."

이미 앞에서 우리는 주어진 삶에 대한 만족을 통해 행복해질 수 있음을 깨달았다. 물론 주어진 현실에 충실하고 만족하며 사는 게 행복하다는 말은 맞다. 벤처 투자자가 말한, 죽어라 고생해서 돈 벌고 나서 할 수 있다는 일을 실제 어부는 지금 현실로 즐기고 충분히 만족하고 잘살고 있으니, 삶의 만족을 모르고 돈만 좇는 벤처투자자가 얼마나 어리석은가? 물론 이 또한 일부 단면적인 측면에서만 바라본 결과론적인 이야기이며, 나와 내 가족이 먹을 생선만 잡는 어부가 아니라, 내 주변의 친구들, 더 나아가서는 마을까지 먹여 살릴 수 있는 어부가 사실은 더 행복한 어부일 수도 있겠지만, 여기서 이야기하고자 하는 것은 대부분 사람이 지향하고 추구하는 성공은 세상을 살아가는 데 있어서 수반되는 부수적인 요소 중 하나이거나 복합적인 것이라는 것이다. 사람마다 가치관이 제각각 다르기에 어떻게 사느냐는 개인의 선택 문제지만, 허황된 꿈을 좇느라 현재의 행복을 놓치지 않아야 할 것이다.

성공해서 행복한 삶이 아니라
행복하면 성공한 삶이다

관습과 전통 탓에 우리는 진리와 자신의 믿음을 혼동 하기에 이르렀다. 관습과 전통, 현재의 생활방식은 우리 인간이 이런저런 물질적 안락을 누리는 이런저런 신체적 상태가 아닌 이상 행복할 수 없다고 믿게 만들었다. 그것은 진리가 아니라 단순히 믿음일 뿐이다. 성공하면 행복할 것이라는 믿음 또한 관습과 전통에서 기인한 것으로 진리가 아니라는 것이다. 진리가 우리에게 말해주는 것은 행복이란 단순히 정신적으로 만족스러운 상태라는 점이다. 그런 만족은 아무도 없는 무인도에서도, 몇 가구만이 사는 작은 마을에서도, 대도시의 다세대 주택에서도 찾을 수 있고, 가난한 자의 허름한 집에서도 부자의 대저택에서도 발견할 수 있다. 작은 시골 오지마을에서 태어나 거기서 죽는 사람도 종종 전 세계를 여행하며 자유롭게 보내는 사람만큼 행복하거나 오히려 그보다 더 행복하기도 하다. 내 주변의 글도 모르고 한평생을 살아온 한 무명의 노인이 세상에서 소위 잘나가는 유명 인사보다 더 행복하게 살고 있다. 한국에서도 일본에서도, 중국에서도, 아메리카, 유럽에서도 사람들은 저마다 행복을 누리고 있다. 전 세계 어디에나 행복한 사람은 늘 존재한다. 행복은 국가와 인종, 경제 상태, 사회계급과 계층 지리적 조건에 달린 것이 아니다. 행복의 원천은 바로 우리의 마음 속인 것이다. 즉 성공해서 행복한 삶이 아니라 우리가 스스로 행복하면 그 자체로 성공한 삶인 것이다. 물론 조화롭고 균형 잡힌 삶을 살면서 성공하면 성공 그 자체가 행복일 수 있다. 우리에게 한때 가장 행복한 국가를 생각하면 떠오르는 나라, 히말라야 산맥이 있고 인구가 매우 적은, 작은 고원의 나라 '부탄', 전통과 자연환경을 보호하고 부족하지만 함께 행복한 나라로 알려지게 된 부탄의 행복지수 순위가 몇 년 만에 수십 단계 아래로 떨어지게 되었는데 국가나 사회가 변한 것이 아니라 부탄 사람들이 SNS(Social Network Service)를 접하기 시작하면서 자국(自國)을 다른 나라와 비교하여 작고 가난한 나라라고 여기면서 국민의 자존감이 떨어지며, 행복감이 줄어들게 되었기 때문이다. 물론 사람마다 생각하는 관점이 다르고, 인생을 단편적이고 결과론적으로만 본다면 성공한 사람은 행복할 것이다. 또한 행복한 삶을 살면서 목표한 성공을 이룬다면 더할 나위 없이 최고의 행복한 삶이라고 할 수 있다. 하지만 여기서 이야기하고자 하는 본질은 대다수 사람이 지향하고 추구하는 부와 명예 등과 같은 성공을 얻기 위해, 인생을 사는 동안 행복하게 살지 않는다면, 비록 부와 명예 등을 얻지 못하였더라도 주어진 삶에 만족하며, 하루하루를 행복하게 사는 사람보다 못하다는 것이다. 세상에서 추구하는 성공을 맹목적으로 따르는 것보다 스스로 만족하는 삶을 사는 것이 훨씬 낫다. 인생을 통틀어 보면 행복한 삶이 곧 성공한 삶인 것이다. 우리는 살면서 행복과 성공이란 말들을 자연스럽게 이야기한다. 그러나 그 말이 뜻하는 바는 미(美)의 기준이 사람에 따라 다르고, 시대와 상황에 따라 조금씩 변하듯 성공과 행복의 기준도 영원히 고정된 것이 아니고 다양하게 나타날 것이다. 단순히 돈을 많이 벌어 부자가 되는 것, 명예와 권력을 갖는 것, 인기가 많은 것, 오래 건강하게 사는 것이 성공이라고 단언할 수 있는지 곰곰이 숙고해 보면, 그것들 또한 일부이고 수단이지 전부는 아니란 걸 깨닫게 될 것이다. 우리 대다수는 '나중에 성공하면'이라고 말하며 성공을 나중으로 미룬다. 이는 성공을 거창하게 생각하기 때문이다. 어린애들이 "엄마, 아빠 나중에 돈 많이 벌면, 성공하면 좋은 차, 좋은 집 사드릴게요", "행복하게 해드릴게요." 이러한 말을 하면서 자라는 것을 보면 자연스럽게 어렸을 때부터 성공이 행복인 줄 알면서 살아가는 것이 아닌가 싶다. 누군가가 성공에 대한 축하인사를 건네면 "성공은 무슨, 아직 멀었어요."라며 손사래친다. 성공은 행복과 마찬가지로 죽음을 앞두고 말하는 것이 아니다. 삶의 갈피마다 일상의 고비마다 이를 극복하고 이루어 가는 과정에서도 경험하는 소소한 행복감을 느끼면서 그때그때 자축하고, 축하받으며 사는 것이 결국 성공한 삶이다. 하루하루의 삶을 살아가는 것에 최선을 다하고 현재보다 더 나은 단계로 도약하기 위해 끊임없이 노력하고, 비록 그 길에 도달하지 못하더라도 그 과정에서 겪게 되는 고통도 행복이며, 결국 성공한 삶을 살았다고 할 것이다.

성공이 아닌 성장이 중요하다

에밀리 디킨슨은 '우리는 해마다 늙어가는 것이 아니라 매일 매일 새로워지는 것이다'라고 했다. 현대 의학으로 밝혀진 바로는 우리 몸의 피부는 한 달마다, 간은 6주마다, 위벽은 5일마다 새로운 세포로 대체가 된다고 한다. 그러므로 우리는 매년 생일날 새롭게 태어나는 것이다. 즉 우리 몸은 죽는 날까지 성장하고 발전하듯이 우리 삶도 죽는 날까지 성장하고 발전하는 것이 중요하다.

우리 삶을 보다 폭 넓고 충실하게 사는 법은 매 순간 경험하는 모든 것이 나를 성장시키고 발전시키므로 모든 것에 깊은 관심을 가지고 모든 것을 배울 수 있는 기회로 받아들이는 것이다.

대부분 사람은 성공을 꿈꾼다. 성공을 위해서라면 자신이 현재 누리고 즐겨야 할 모든 것을 포기하거나 뒤로 미루고 성공을 위해 올인해야 한다고 생각한다. 하지만 그렇게 해서 성공 여부도 불분명하지만, 무엇보다도 자신이 원하고 목표로 한 성공을 이루었다 해도 잠시 잠깐 세상을 다 얻은 것처럼 신나고, 기쁨에 겨워, 행복해하고 만다. 오히려 포기한 것들에 대한 대가가 겨우 이것이었나? 하는 공허감에 빠지게 되고, 또 다른 성공을 위해 다시 행복을 포기하거나 뒤로 미루는 어리석은 삶을 반복하며 살게 된다. 우리는 어릴 때부터 성공하기 위해서는 고난과 역경을 참고 견뎌내야 하며, 하고 싶은 것이 있어도 참아야 한다고 배웠다. 하지만 세상 모든 일은 어느 것 하나 쉬운 일이 없다. 어떤 일을 하든 그저 쉽게 되는 일은 하나도 없으며, 크고 작은 고난과 고통이 반드시 수반된다. (대다수의 사람이 지향하고 원하는 성공을 기준으로 보면) 누구나 쉽게 성공하는 것도 아니다. 경쟁 사회에서 남들보다 앞서가기란 매우 힘이 든다. 그러니 성공은 매우 어려운 것이라는 생각과 사고의 틀을 바꾸도록 하자. 조금씩 성장하는 아이처럼 세상과 어울리는 법을 조금씩 배워 나가며 빠르지도 느리지도 않게 그저 나의 삶의 속도에 맞춰 성장하면 된다. 우리의 삶은 하루하루 살아가는 것 자체가 성공이라는 것을 잊지 말자. 지금 이 순간만 최선을 다한다는 자세로 하루하루 묵묵히 살아가자. 오늘 할 일만 꾸준히 최선을 다하는 사람은 누적된 시간의 힘에 의해 무엇이든 성취할 수 있으며 성장하는 삶을 살게 된다. 소소한 성취가 반복되면 자신감으로 연결되며 결국 성장으로 이끈다. 성취하며 성장하면 자연히 성공은 뒤따라온다. 아니 성취하며 성장하는 삶 자체가 성공한 삶이다. 성공을 위해 지금 현재의 행복을 포기하거나 뒤로 미루지 말자. 삶에서 중요한 것은 '얼마나 성공했느냐'가 아니라 '얼마나 성장했느냐'다. 즉, 삶이 내게 원하는 것을 얼마나 받아들이고, 내게 주어진 소명을 발견하고 그것을 위하여 얼마나 진정한 삶을 살았는가? 하는 것이 중요하다.

믿음, 소망, 사랑
그중의 제일은 사랑이다

우리가 바람직하고 행복한 삶을 살기 위해서는 '자신에게 주어진 운명에 대한 믿음', '미래에 대한 소망', '현재의 모든 것에 대한 사랑'을 가지고 사는 것이 매우 중요하다.

우리 인간에게는 영원한 의식이 존재한다. 즉 '정신(Spirit)'을 가지고 살아간다. 만약 이러한 의식이 없었더라면 삶의 고통과 역경을 겪게 될 때마다 우리는 절망 속에서 살아가게 될 것이다. 절망이라는 것은 인간을 다른 동물로부터 구분시켜 주는 동시에 인간이 다른 동물에 비해 유리한 위치를 차지하도록 만들어 준다. 절망은 변화의 필요성과 의미 있는 삶을 살 가능성을 분명히 드러낸다는 점에서 이점이 있다. 구름 저 건너편에 맑은 햇살이 숨어있듯이 절망의 건너편에는 항상 건강한 상태의 정신이 존재한다. 절망 속에서 우리 인간은 이미 죽은 것처럼 삶을 살아가게 된다.

모든 인간은 끊임없이 삶의 고통과 역경 속에서 절망을 느끼게 되어 있기에 믿음, 소망, 사랑이 없다면 우리 인간의 삶은 얼마나 공허하고 절망적이겠는가?

믿음은 경험을 통해 만들어진 신념이기도 하지만, 우리의 삶을 어떠한 가정 아래 놓고 살아갈지에 대한 자기 내면의 약속이기도 하다. 그렇기 때문에 믿음은 우리의 삶의 방향과 결과를 결정하는 데 있어서 매우 중요하다. 믿음은 우리 삶에 있어서 유한성(有限性)

을 넘어서게 해주며 유한(有限)과 무한(無限) 사이를 연결해준다. 믿음은 우리가 살아 있어야 할 이유를 제공함으로써 삶과 죽음을 편안하게 받아들이고 삶과 죽음에 대처할 수 있도록 해준다.

우리가 살고 있는 세상은 매우 거대한 곳이며 우리가 알고 있는 지식은 이 중 극히 티끌 정도에 지나지 않는다. 그러므로 믿음이 삶을 사는 데 매우 중요하다. 믿음은 우리가 의심하는 것이 이론적으로 가능한 상황임에도 무언가를 믿는 것이다. 세상에는 언제나 우리에게 밝혀진 것 이상의 무언가가 존재한다는 확고한 믿음이 세상은 우리가 살아갈 만한 가치가 있다는 것으로 느끼도록 해준다. 믿음은 특정한 결과를 초래하며 믿음의 부재 역시 마찬가지다, 믿음은 항상 행동으로 이어지며 우리가 무엇을 하지 않는 것은 우리가 무엇을 하는 것만큼이나 삶을 살아가는 데 많은 영향을 미친다. 더 나아가 믿음은 무언가를 성취하는 데도 매우 필요하다. 대부분 삶의 영역에서 성공은 행동의 힘에 달려 있으며 행동의 힘은 우리가 반드시 성공할 것이라는 믿음에 전적으로 달려 있고 우리가 성공할 것이라는 믿음은 우리가 옳다는 믿음에 달려 있다. 본질적으로 우리 삶은 끊임없는 선택의 순간들로 이루어져 있고 우리는 반드시 어느 쪽이든 선택해야만 한다. 그러므로 삶을 어떻게 살 것인지 고민할 때 이런 믿음을 가지는 것이 특히 중요하다.

우리가 어떤 행동을 취하기 전에 행동의 결과에 대해 또는 행동의 객관적인 가치에 대해 완전히 확신할 수 있을 때까지 무작정 기다리기만 한다면 결코 우리는 아무것도 할 수 없을 것이다. 가능성에 대한 믿음에 기대지 않고는 어떤 충직하고 담대한 행동을 취할 수 없으며 어떤 성과도 이룰 수 없다. 우리는 매 시간 삶에 대한 도전에 직면하며 살아갈 수밖에 없다. 궁극적으로 믿음을 갖는다는 것은 위험을 감수하는 것을 뜻하고 우리의 삶은 항상 위험을 내포하고 있다는 사실을 인식하는 것이 바람직하다.

우리는 우리가 바라는 것을 믿음으로써 새로운 삶을 창조할 수 있다. 믿음은 에너지를 불러일으키며 에너지는 우리의 삶에 원동력이 된다. 우리가 중요하다고 믿는 한 세상은 중요하고 우리가 소중하다고 믿는 한 우리의 삶은 소중하다. 실제로 세상의 본성이 무엇인지, 삶의 본질이 무엇인지는 그다지 중요하지 않다. 세상은 그 자체로는 아무것도 아니고 삶도 그 자체로는 무의미하다. 세상은 우리가 원하는 대로 살아갈 무대고 삶은 우리의 믿음대로 살아가면 되는 것이다.

우리 인간에게 미래는 눈에 보이지 않고 예측하기 힘든 것이며, 현재 우리 행동은 미래의 삶을 결정하는 데 매우 중요하다. 우리는 인생의 본 모습을 밝게 보면서, 미래를 바라보며, 오늘을 가치 있게 살아가야 한다. 왜냐하면, 내일이 없는 오늘은 희망이 없기 때문이다. 희망찬 미래를 소망하지 않으면 희망찬 미래는 오지 않는다. 희망찬 미래에 대한 소망을 가지지 않는 사람은 살아 있어도 산 송장이라 할 수 있다. 그래서 우리는 희망찬 미래에 대한 소망을 가지고, '어떠한 태도를 가지고 살아가느냐?'가 현재와 미래의 행복에 중대한 영향을 끼치게 된다. 우화를 하나 살펴보자.

어떤 하루살이가 오전을 즐겁게 보내고 오후가 되자 몸의 힘이 쇠약해지고 마음이 허전해져서 나비를 친구로 사귀었다. 둘은 친구가 되어 즐거운 오후 시간을 보내고 헤어지면서 나비가 말했다. "내일 또 만나자." 이에 하루살이가 "내일이 뭐니?" 하고 물었다. 나비는 말했다. "내일이란 저기 보이는 태양이 서쪽으로 사라지면 어두운 밤이 오는데, 그 밤이라는 게 다 지난 후 태양이 다시 떠오르면 그것이 내일이야." 나비는 다음날 약속 장소에 갔지만 하루밖에 살지 못하는 하루살이는 나타나지 않았다. 나비는 외롭고 심심하여 제비와 친구로 사귀었다. 둘은 친구가 되어 즐거운 나날을 보내다 헤어지면서 제비가 말했다. "내년 이맘때 또 만나자." 이에 나비가 내년이 뭐니?"하고 물었다. 제비는 말했다. "지금은 날씨가 따뜻하잖아 좀 더 있으면 더운 여름이 오고, 여름이 지나면 시원한 가을이 오고, 가을이 지나면 흰 눈이 덮이는 겨울이 오는 거야 바로 그 겨울이 지나면 내년 봄이 되는 거야." 제비는 다음 해 나비를 만나러 갔으나 며칠밖에 살지 못하는 나비는 나타나지 않았다. 물론 하루살이나 나비나 제비나 모두 주어진 삶을 최선을 살면 그만이지만 이 우화를 통해 이야기하고자 하는 궁극적인 것은 내일이 없는 삶이 얼마나 불쌍한지를 생각하자는 것이다. 우리는 미래를 꿈꾸는 소망의 삶을 충실히 살아야 한다. 오늘 이 순간에도 지혜의 마음을 가지고 내일에 대한 소망을 소유한 채 살아가야 한다. 미래를 긍정적으로 바라고 원함을 갖는 것이 소원이 되고 소망이 된다. 아무리 지금이 어렵고 힘든 상황이더라도 소망이 있는 한 견디고 이겨 낼 수 있게 된다.

　우주의 모든 것을 포용할 정도로 위대하고 강한 것이 사랑이다. '현재 모든 것에 대한 사랑'은 '현재 모든 삶에 대한 사랑'이라고 할 수 있을 것이다.

　믿음, 소망, 사랑은 서로 불가분의 관계로 상호연관성을 가지고 있고 하나같이 우리의 삶에 있어서 소중하고 꼭 필요한 것이지만, 성경 구절에 '믿음 소망 사랑 중 그중 제일은 사랑'이라고 나와 있을 정도로 사랑이 삶에 있어서 매우 중요하다는 것을 알 수 있다. 아마도 우주와 자연 본연의 특성은 '항상성'과 '지속성'을 가지고 있기 때문일 것이다. 우주와 자연의 일부인 우리 인간도 당연히 이러한 섭리를 근본적으로 지니고 있기에 사랑이라는 가장 강력한 수단이 필요한 것이 아닌가 싶다. 우리 인간의 항구적 지속성을 유지하기 위해서는 사랑을 통한 '생존'과 '번식'을 통해서만이 가능하다. 믿음과 소망은 명사이고 사랑은 동사이다. 믿음과 소망은 개인적 신념으로 개인이 가지고 있기만 해도 되는 것이기에 발현되지 않을 수도 있으나 사랑은 동사로서 역할을 수행해야 하며, 표현되어야만 그제서야 사랑인 줄 알게 된다. 사랑은 받는 게 우선이 아니라 하는 게 우선이다. 사랑은 믿음과 희망을 모두 포함한다. 믿음이 있다고 반드시 희망이 있거나 사랑하며 살지 않고, 희망이 있다고 반드시 믿음으로 살거나 사랑하며 사는 것은 아니다. 그렇지만 사랑은 신기하게도 사랑하면 믿음이 자연스럽게 생기게 되고 사랑하면 희망도 당연하다는 듯 찾아온다. 그래서 사랑이 제일이며, 가장 위대한 것이 사랑인 것이다. 현재의 모든 것을 사랑하게 되면 우리가 어떤 삶을 원하든 그 삶에 한 걸음 더 성큼 다가서게 된다.

결국, 언제 어디서나
삶의 문제의 정답은 태도로 귀결된다

우리의 삶은 주어진 환경과 여건에 따라 일정 부분 운명이 결정되지만 결국 삶에 대한 우리의 관점과 이에 대응하는 태도와 행동에 따라 만들어진다. 스스로 삶을 어떻게 정의하느냐에 따라, 어떤 삶의 목적을 가지느냐에 따라 우리 운명이 좌우된다. 우리가 세상을 바라보고 이해하는 관점은 우리가 시간을 어떻게 투자하고 돈을 어떻게 사용하며 가지고 있는 재능을 어떻게 활용하고 나와 다른 존재와의 관계에 얼마만큼의 가치를 두는지에 큰 영향을 미친다.

세상은 참 요지경이며 당신이 생각하는 상식과 원칙에 반하는 이해하기 어려운 상황을 자주 맞이하게 될 것이다. 그렇다고 해서 분노하거나 어이없어 하지 마라. 세상이 원래 그런 것이다. "삶은 불공평하다. 그리고 삶이 불공평하다는 사실 자체도 불공평하다." 라고 에드워드 애비의 말에서도 알 수 있듯이 삶은 원래 불공평하다. 삶이 불공평하다는 현실을 직시하고 어떻게 최선의 방법으로 해결하느냐가 매우 중요하다. 심지어 모두들 '죽음은 공평하다'라고 생각하는데 어찌 보면 죽음 또한 불공평하다. 어떤 사람은 편안하게 잠자리에 들듯이 죽음을 맞이하기도 하고, 어떤 이는 불상사를 당하거나 병에 걸려 고통스럽게 죽음을 맞이하기도 하고, 어떤 사람은 짧은 생을 살다가 죽음에 직면하는가 하면, 어떤 사람은 장수하고 죽게 되듯이 죽음 또한 모든 사람에게 공평하지 않다는 것이 현실이다. 본질적으로 원래 불공평한 세상에서 우리가 할 수 있는 일이란 사실 그다지 없다. 대신 불공평한 일을 당했을 때, 어떻게 대응하느냐가 우리의 몫이다. 결국 우리 삶이 어떻게 될 것인지, 우리가 어떤 사람이 될지는 우리 자신이 삶을 대하고 대응하는 태도나 취하는 방법에 따라 결정이 되는 것이다.

누구에게나 자신의 인생과 행복이 있는 것이다. 늘 자신의 단점을 다른 사람과 비교하지 말고 자신에게 주어진 것들로 이미 충분하다는 사실을 깨우치는 것이 삶과 행복을 증진시키는 길이다.

자신의 삶을 사랑하는 태도는 날씨가 나쁜 것처럼 아주 사소한 일이든, 가족을 잃거나 병에 걸리거나 중상을 당하거나 누군가로부터 배신을 당하는 것처럼 비교적 심각한 일이든 자신에게 일어나는 모든 일이 어떤 식으로인가 자신에게 좋은 일이라고 생각할 수 있게 도와준다. 어떤 일이 일어나든 그것이 자신에게 필요했던 것이고, 그것이 나름의 쓸모가 있는 것이고 그것이 '나 자신'의 삶에 있어 나름의 의미를 지니고 있다고 확신할 수 있도록 해준다. 그러므로 우리는 인생의 본 모습을 긍정적이고 밝게 보면서, 현재 주어진 모든 것에 감사하며, 미래를 희망적으로 바라보며, 오늘을 가치 있게 살아가야 한다.

일체유심조(一切唯心造)

성공도 행복도 오직 내 맘에서 나온다, 삶을 행복하게 만드는 건 나 자신이 순간순간 행복한 선택을 하는 것이다. 결국 삶이 살 만한 가치가 있는가는 삶을 사는 본인에게 달려 있다.

내 삶이 행복한 것은 현재 자기 자신이 행복한 상태이기 때문이다. 삶이 공허한 것은 현재 자기 자신이 공허한 상태이기 때문이다. 삶이 고통스러운 것은 현재 자기 자신이 고통스러운 상태이기 때문이다. 삶이 즐거운 것은 현재 자기 자신이 즐거운 상태이기 때문이다.

결국 자신의 삶은 현재 자신의 상태와 삶을 바라보는 관점에 따라 달라진다는 것을 알 수 있을 것이다. 원효대사의 유명한 일화를 통해 우리는 일체유심조를 명확하게 깨달을 수 있다. 원효는 어릴 때 절에 들어가 머리를 깎고 승려가 되었다. 34세가 되던 해에 8살 어린 의상과 함께 고구려를 지나 중국으로 유학을 가려던 중 고구려 군사들에게 붙들리는 바람에 뜻을 이루지 못하고 11년 뒤 두 번째 유학을 떠나기 위해 의상과 함께 백제의 옛 땅을 거쳐 바닷길로 중국에 가는 도중에 날이 저물어 무덤 속에서 잠을 자게 되었다. 한밤중에 목이 말라 물을 찾다가 바가지에 있는 물을 아주 맛있게 먹고 다시 잠을 자고 아침에 일어나 보니, 간밤에 마신 물이 해골에 고인 물이었다는 것을 알게 되었다. 이에 원효는 너무 놀랍고 역겨운 나머지 구역질을 하였고, 그 순간 '모든 것은 마음이 지어낸다(一切唯心造).'라는 깨달음을 얻게 되었다. 해골에 담긴 물은 어제 달게 마실 때나 오늘 아침에 볼 때나 달라지지 않았지만, 어제와 오늘 달라진 것은 자신의 마음이라는 것을 깨닫고 "마음이 생겨나므로 모든 것이 생긴다."라고 읊었다고 한다.

'My Wife and My Mother-in-Law', Wikimedia Commons

　‘나의 아내와 시어머니’ 그림은 영국 만화가 윌리엄 엘리 힐 (William Ely Hill)이 1915년 미국의 한 유머 잡지에 게재한 것으로 보는 관점에 따라 젊은 여성으로 보이기도 하고 늙은 여성으로 보이기도 한다. 이처럼 하나의 동일한 그림을 보고도 어떻게 바라보는지에 따라 전혀 다르게 보이는 것이 우리가 사는 현실 세계인 것이다. 우리가 그림을 젊은 여성으로 인식하든, 늙은 여성으로 인식하든 이 그림은 언제나 정확히 똑같은 그림이라는 점이다. 젊은 여성으로 보이던 것이 돌연 늙은 여성으로 보이는데도 그 사이에 객관적인 '사실'은 전혀 변하지 않았다. 단지 우리가 그림을 바라보는 상(Aspect)이 변했을 뿐이다. 그림을 이루고 있는 모든 선이 우리가 바라보는 상의 변화에 따라 이전과는 다른 역할과 의미를 가지게 되었다는 점에서 우리는 그림 '전체'가 한순간에 변했다고 말할 수 있다. 어떤 면에서 우리는 상의 변화에 따라 전혀 다른 세계를 살아가게 된다. 우리가 알고 있는 '선과 악', '기회와 위기', '행복과 불행'도 하나의 현실에서 항상 공존하고 있다는 것을 명심하라.

우리는 원효대사 일화와 윌리엄 엘리 힐의 그림을 통해 모든 것은 우리가 어떤 마음을 먹는지, 어떤 관점으로 보는지에 따라 동일한 사실과 현실에서도 전혀 다른 마음, 전혀 다른 관점으로 인식하고 살아갈 수 있음을 깨닫게 된다. 그러므로 삶의 의미를 발견하려면 우리는 삶의 의미에 관해 논하지 '않는' 대신 주어진 삶을 행복하게 살 수 있도록 진정한 의미 있는 삶을 '살아야' 한다.

6. 삶을 행복하게 해주는 다섯 가지 진리

죽음을 기억하라(Memento Mori)

로마에서는 보통 전쟁에 이겨서 개선하는 장군이 말을 타고 로마에 들어오면 승전을 축하하며 많은 시민이 환호하며 손뼉을 쳤다. 그야말로 황제급으로 대접받고 환영받았다. 그럴 때면 항상 옆에 노예를 한 명 옆에 따라다니게 하여 Memento Mori를 계속 반복해서 이야기하게 하였다. 왜냐하면 '지금은 당신이 잘 나가고 있지만 당신 역시 언젠가 죽게 될 거니까 그 죽음을 기억하며 항상 삶에 대해 겸손하라.' 하고 끊임없이 깨우치게 하기 위함이었다. 물론 대부분 사람에게 언젠가 죽는다는 사실은 뻔한 이야기이다. 이렇게 당연하고 뻔한 이야기지만 대부분 나이가 60세, 70세가 되어도 계속 '돈', '돈', '돈' 하며 살다 죽는다. 다시 말하면 천년만년 살 것으로 착각하는 사람들이 너무도 많다는 것이다. 이 얼마나 어리석은 삶인가? 나이 60세, 70세가 되어도 '돈', '돈', '돈' 하며 자식에게 물려준다고 해서 자식이 그 돈을 선하게 사용할지 나쁘게 사용할지 아무도 알 수 없다. 그래서 돈을 많이 벌면 나이 들어 죽음을 기억하고 더 많은 사람에게 선한 영향력을 줄 수 있는 돈을 베풀고 그 죽음을 맞이하는 게 좋다. 천 년 만 년 살지 못하고, 항상 죽는다는 사실을 기억하자. 우리는 길고 긴 영원 속에 너무나 짧은 인생을 살다 간다. 그러므로 '짧은 인생 속에서 어떻게 하면 나의 행복을 누릴까?'를 항상 생각하며 살아가야 한다. 돈 많은 사람들이 자신의 재산을 기증하는 것이 다 이러한 이유이다. 항상 죽음을 기억하며 삶에 대해 교만하지 말고 겸손하자.

우린 모두 죽는다. 어차피 죽는 거지만 병원 침대에서 죽는 거보다는 저녁에 잠자리에 들다가 편하게 생을 마감하는 것이 좋다. 그렇기 위해서 우리는 건강관리를 하여야 한다. 우리 모두는 가족들에게 짐이 되고 싶지 않다. 그렇기에 건강해지려고 노력하고 건강하게 먹고 행복하게 지내야 한다.

죽음을 원하는 사람은 한 사람도 없을 것이다. 비록 천국에 가길 원하는 사람이라 할지라도 당장 죽고 싶어 하지는 않는다. 그러나 죽음은 모든 인간에게 삶의 종착지기도 하다. 아무도 거스를 수 없다. 하지만 죽음은 삶의 변형된 형태로 삶을 살아가는 원동력이 되기도 한다. 또한 새로운 것을 위한 시작이 되기도 한다. 죽음을 생각하고 죽게 된다는 생각은 인생에서 중요한 선택을 할 때 매우 큰 도움이 된다. 우리 삶의 희로애락을 불러일으키는 가족과 친구, 부와 명예, 성공과 실패 등 거의 모든 것은 죽음 앞에서 무의미해지고 정말 중요한 것만 남기게 되기 때문이다. 죽음을 기억하면 욕망과 탐욕의 함정에서 벗어날 수 있고 가슴이 시키는 대로 살아갈 용기를 낼 수 있게 된다. 이처럼 우리 인간의 삶은 누구에게나 제한되어 있으니 욕심과 탐욕을 내려놓고, 다른 누군가의 삶을 사는 데 시간을 낭비하지 말라. 아등바등할 것 없이 세월 따라 잘 늙어가면 된다.

현재를 즐겨라(Carfe Diem)

'오, 캡틴, 나의 캡틴' 미국 입시 명문고 웰튼 아카데미, 공부가 인생의 전부인 학생들이 아이비리그로 가기 위해 고군분투하는 곳에 새로 부임한 영어교사 '키팅'은 자신을 선생님이 아닌 '오, 캡틴, 나의 캡틴'이라 불러도 좋다고 말하며 독특한 수업 방식으로 학생들에게 충격을 안겨준다. 점차 그를 따르게 된 학생들은 공부보다 중요한 인생의 의미를 하나씩 알아가고 새로운 도전을 시작한다. 영화배우 로빈 윌리엄스가 주인공으로 나온 '죽은 시인의 사회의 줄거리 중 일부 내용이다. 이 영화의 명장면에 나오는 일부 내용을 한번 보도록 하자.

슬기로운 인간생활

'오 선장님, 나의 선장님.'

"이 구절이 어디에 나온 것인지 아는 사람 있는가? 아무도 없어? 전혀 모르겠나? 에이브라함 링컨에 대한 월트 휘트먼의 시다. 이 수업에서 나를 키팅 선생님이라고 불러도 좋고, 여러분들이 좀 더 대담하다면, '오 선장, 나의 선장님'이라고 불러도 좋다. 자 소문거리가 되기는 싫으니 머리말을 꺼내도록 하지 그래, 나도 역시 이 지옥학교에서 살아남았다. 그리고 그 당신엔 지금처럼 지적인 사람이 아니었지. 난 45㎏ 약골 정도의 지식 수준밖에 되지 않았지. 내가 해변에 가면 사람들이 내 얼굴에 바이론 시집을 던지곤 했었다. 자, 핏츠군 조금 재수 없는 이름이군, 핏츠 군 어디있나?. 찬가집 542쪽을 펴서 거기 있는 시 첫 연을 읽어주겠나?"

"'시간을 버는 처녀들에게' 말입니까."

"그래, 바로 그거다. 정말 적당하지 않니?"

"할 수 있을 때 장미 봉우리를 거두라 오래된 시간은 지금도 흘러가고 오늘 웃고 있는 이 꽃은 내일이 되면 죽어 사라지나니."

"고맙다 핏츠군, '할 수 있을 때 장미 봉우리를 거두라' 이 말을 라틴어로 하면 '카르페 디엠'이라고 한다. 이 말이 무슨 뜻인지 아는 사람?

"카르페 디엠은 '현재를 즐기라'는 말입니다."

"좋네, 이름이…?"

"믹스입니다."

"특이한 이름이 하나 더 있었군. '현재에 충실하라', '할 수 있을 때 장미 봉우리를 거두라' 시인이 왜 이런 말을 썼을까?"

"성질이 급했으니까요?

"아니, 땡! 어쨌든 고맙네, 우리는 반드시 죽기 때문이지 믿거나 말거나, 여기 있는 우리 모두는 언젠가는 숨이 멎고, 차가워진 채로 죽게 된다. 여기로 와서 과거의 얼굴들을 보도록 하지. 이 방을 많이 지나다녔어도 유심히 본 적은 없었을 거다. 너희와 많이 달라 보이지 않지? 머리 스타일도 똑같고 너희들처럼 젊고 패기 넘치고 너희들처럼 세상을 손에 넣어 위대한 일을 할 운명이라 믿고 너희들처럼 눈에 희망이 가득 차 있지. 그들이 그들의 능력을 발휘할 시기를 놓친 걸까? 이들은 죽어서 땅에 묻힌 지 오래다. 하지만 여러분들이 가까이서 잘 들어 보면 그들의 속삭임이 들릴 거다. 가서 기대어 봐, 들어 보렴. '카르페…', 들리니? '카르페…', '카르페 디엠', 현재를 즐기라. 소년들. 인생을 독특하게 살아라."

현재를 즐기고, 현재에 감사하며 살고 있는가? 많은 이가 주로 희망이나 회상을 통해 미래나 과거를 살아간다. 오직 희망이나 회상 속에 삶을 살아가며 희망하고 회상하는 와중에 현재를 살아가는 법을 잊어버린 사람들은 자신의 삶을 놓치고 살기 때문에 불행하다.

그래도 미래나 과거 속에서라도 자기 자신에게 현존하는 경우는 그나마 다행이다. 가장 불행한 사람은 미루어진 현존조차도 가지고 있지 못하는 사람들이다.

그들이 희망하는 미래는 거의 이루어지지 않을 것이기에 어떤 실재도 제공하지 못할 것이기 때문이다. 또는 회상하거나 회상하기를 바라는 과거가 그들이 실제로 지내온 과거가 아니기에 이미 현재가 되었음에도 그들이 회상한 과거가 어떤 실재도 제공하지 못하기 때문이다. 이처럼 가장 불행한 삶은 희망할 것이 없으면서도 계속 희망하는 사람이거나 회상할 것이 없으면서도 계속 회상하는 삶을 사는 것이다. 그중에서도 이미 지나가서 더 이상 바뀔 수 없는 과거를 회상하며 사는 사람들이 진정으로 가장 불행하다.

유년 시절에 삶의 중요성을 얻지 못하여 아무런 추억이나 삶의 아름다운 흔적을 남기지 못한 사람이 이제 와서 유년 시절에 주어진 모든 아름다움을 깨우치게 되어 자신의 유년 시절만을 회상하고 후회하는 삶을 산다고 생각해보라. 그런 사람은 '삶의 기쁨을 느끼거나 누리지 못한 삶을 산' 다른 사람들과 같이 분명 가장 불행한 삶을 살아가는 사람들 가운데 뽑힐 것이다.

현재 자신의 삶을 살지 못하는 것은 무의미한 삶을 살게 된다는 것이다. 과거를 회상하거나, 회상하기를 바라는 삶 속에서 살아간다는 것은 과거가 아직 도착하지 않은 삶 속에서 살아가는 것으로 이러한 사람은 젊었던 적이 없기 때문에 늙을 수가 없을 뿐만 아니라 이미 늙었기 때문에 젊을 수가 없다. 즉 어떤 의미에서 그는 살았던 적이 없기 때문에 죽을 수가 없으며, 또 어떤 의미에서 그는 이미 죽었기 때문에 살 수가 없다고 할 수 있다

우리는 돈을 벌기 위해 건강을 희생한다. 그리고 건강을 회복하기 위해 돈을 희생한다. 우리는 미래에 대한 불안감과 걱정으로 현재를 즐기지 못한다. 결국, 우리는 현재에 살지도 못하고 미래에 살지도 못한다. 우리는 마치 삶이 영원한 것처럼 생각하며 살다가 주어진 삶을 제대로 누려 보지도 못하고 생을 마친다. 자신에게 주어진 삶을 마음껏 누려라. 누구도 결코 과거를 살아가지 않으며, 누구도 결코 미래를 살아갈 수 없다. 과거는 그저 삶의 흔적일 뿐이고, 미래는 현재의 삶의 결과일 뿐이다. 그러므로 현재에 살며, 현재를 최대한 즐기면 될 뿐이다. 과거에 얽매여 있으면 과거에 살아가고 있는 것이고, 미래에 대해 집착하면 올지도 모를 미래에 사는 것이다. 당신이 진정 살아가야 할, 당신이 진정 살아가고 있는 지금 현재를 살아가길 바란다. 내일은 어떻게 살지 그런 걱정은 하지 마라. 그날그날 행복하게 살기 위해 노력하고 순간순간 즐겁게 살면 그만이다. 물론 열심히만 산다고 잘 살아지는 것이 아니다. 잠시 삶에서 한 발짝 멀어져 내 삶을 바라보아야 진짜 삶의 가치 있는 것들이 눈에 들어오게 된다. 누가 뭐래도 오늘 현재가 내 생애 최고의 날이다. 미래를 두려워하지 말고 과거에 대해 후회할 필요도 없다. 지나간 것에 감사하고 오늘을 만족하면서 그래도 꿈을 미

슬기로운 인간생활

래에 담아 심는 지혜, 이것이 진정 행복한 삶을 살아가는 데 바람 직한 삶을 살아가는 지혜일 것이다.

나와 내 인생을 사랑하라(Amor Fati)

'아모르 파티(Amor Fati)'는 바로 '내 영혼을 사랑하라'는 말이다. 즉, 자신의 삶을 사랑하라는 말이다. 우리가 삶을 살아가는 데 있어서 무엇보다도 가장 중요한 것이 나와 내 인생을 사랑하는 것이다. 왜냐하면 수많은 사람 중에 나는 이 세상에 유일무이하며, 나라는 존재가 없다면 나의 인생도 애당초 있을 수가 없기 때문이다. 그 얼마나 소중하고 귀한 존재인가! 그렇기 때문에 나와 내 인생을 사랑하는 것은 나의 삶을 행복하게 만드는 가장 기본이 되는 것이다. 누구에게나 자신만의 인생과 행복이 있다. 늘 자신을 다른 사람과 비교하지 말고 자기 것만 열심히 잡는 것으로만 충분하다.

우리가 장거리 여행을 떠날 때 무엇을 가지고 떠나는가? 한번 생각해보라. 여행길에 필요한 것은 여행경비, 옷가지, 비상약품 등과 내가 어디로 떠날지에 대한 목적지와 지도가 필요할 것이다. 그러면 우리는 인생길에 무엇을 가지고 가는가? 우리가 삶을 살아가는 인생길에도 집과 돈, 가족과 친구, 일, 건강 등 여러 가지가 필요하다. 만약 우리가 인생을 살아가다가 곤경에 처해 다 버리고 하나만 선택해야 한다면 무엇을 선택할 것인가? 어느 순간 더 이상 내가 가지고 갈 수 없을 때 무엇을 버려야 하는가? 그리고 무엇만은 가지고 갈 것인가? 집도 친구도 직장도 다버려도 버릴 수 없는 것 바로 '나'란 존재이다. 우리가 여행길에서 길을 잃었을 때 지도를 보고 올바른 곳을 찾아가고 있다고 '자기 신뢰'가 필요한 것처럼 인생길에 있어서도 방황 속에서 제대로 된 길을 찾아갈 수 있다는 자기 신뢰가 매우 중요하다. 내 인생길에서 나를 지켜줄 수 있는 것은 결국 '나'밖에 없다. 인생을 살면서 겪게 되는 어떤 충격, 수많은 곤경과 역경으로부터 나를 보호해주고 지켜줄 수 있는 것은 자존감, 자긍심 그리고 자기 신뢰 즉 나와 내 인생을 사랑하는 것이다. 그리고 무엇보다도 다른 사람은 갈등이 생겨 보기 싫으면 안 보면 된다. 심지어 가족도 꼴 보기 싫으면 집을 나오면 그만인데 '나'는 태어나서 죽는 날까지 '나'와는 절대로 헤어질 수가 없고 평생을 함께해야 한다. '나'는 내 눈을 통해서 세상을 보고 내 귀를 통해서 세상을 듣고, 내 손을 통해서 세상을 안다. 즉, '나'는 나 외에 다른 세상에 대해 알게 해주는 소중하고 귀한 존재인 것이다. 이에 대해 맹자는 "내 안에 깃들어 있다"라고 말했는데 세상만사가 다 내 안에 있다는 것이다. 그리고 동양고전인 장자에 보면 '하늘과 땅이 나와 함께 태어났다.'라고 했다. 내가 태어나기 전에도 하늘이 있고 내가 죽은 다음에도 땅은 있지만 비로소 하늘과 땅은 언제 의미가 있는가 하면 내가 태어나서 하늘을 보고, 내가 태어나서 땅을 디디는 순간부터다. 그리고 내가 보는 하늘과 땅은 상대가 보는 하늘과 땅과 다르게 느껴질 수도 있다. 이것이 바로 나를 소중히 여겨야 하는 이유다. 러시아의 대문호 도스토에프스키도 "일단 나 한 사람을 사랑하자. 이 세상 모든 것은 그 기초(나라는 사람이 어떤 사람인지, 내가 세상을 어떻게 보는지, 내가 인간관계를 어떻게 맺는지 그것을 아는 것)를 개인의 이해에 두고 있기 때문이다."라고 말했다.

　내가 가지고 있는 것을 있는 그대로 수용하라. 내가 태어나서 지금까지 경험한 모든 것이 나를 이루고 있고 그중에서 내 마음에 드는 것도 있고 들지 않는 것도 있지만 그것이 '나'고 그것은 '나'만이 가질 수 있다. 삶을 힘들어하는 사람은 대개 누군가의 평가에 굉장히 민감한 사람이다. 그런데 한번 생각해보라. 상대가 나에 대해서 이렇게 생각한다는 것은 사실은 상대방의 생각일 수도 있고 아닐 수도 있지만 중요한 것은 바로 '내 생각'이라는 것이다. 예를 들어서 출근을 하면서 거울을 보는데, 내가 봐도 내가 너무나도 멋있게 보이면 지나가는 사람들이 나를 바라보면 참 멋있다고 여길 것 같은데, 내가 봐도 내가 너무 초라하고 멋없어 보인다면 상대가 나를 쳐다보는 것은 똑같지만 그 사람들이 나를 형편 없이 바라보는 것만 같이 느껴진다. 즉, 세상을 살아가면서 중요한 것은 내가 나에 대해 어떻게 생각하고 세상에 대해서 어떻게 생각하는가 하는 것이다. 그러므로 나 자신을 어떻게 생각하고 여기는지를 알아야지만 내 삶이 행복해질 수 있는 방법을 찾을 수 있는 것이다. 하지만 이렇게 소중한 '나'와 '내 인생'을 그렇게도 싫어하는 사람이 많다는 것이다. 주변의 많은 사람이 우스갯소리로 "이번 생은 망했어."라는 말을 하는 것을 많이 듣게 된다. 그 이유를 가만히 들어보면 누구보다 뚱뚱해서, 누구보다 공부를 못해서, 누구보다 가진 게 적어서…등등 자기를 싫어하는 이유가 수백 가지가 넘는다. 그러면서 하는 말이 "난 내가 너무 싫다."라는 것이다. 사실은 우리가 살면서 실패할 수도 있고 속을 수도 있다. 남들은 그런 나를 다 이해해 주고 용서해 주는데 정작 자신은 쉽게 받아들이지 못한다. 현대를 살아가는 우리들은 옛날에 비해 풍요로운 시대를 살아가고 있음에도 급속도로 행복도가 떨어지고 있는데, 현대인에게 급속도로 늘어나는 강박증과 공황장애가 바로 그 이유이다. 원인을 살펴보면 유튜브, 인스타그램, 페이스북 등 SNS(Social Network Servic)의 발달로 인한 현상인데 SNS라는 것이 다양한 사람들과 새로운 인맥을 맺을 수 있고 시간과 장소에 상관없이 빠르게 정보를 공유할 수 있다는 장점이 있지만 유튜브나 인스타그램 등을 통해서 보면 나를 뺀 모든 사람이 마냥 행복하고 잘 사는 것만 같아 보이니까 '나는 저 사람들처럼 행복하지 않고 잘 사는 것 같지 않아.'라고 생각하게 된다. 자기 삶에 대해 불안감이 들고 '다른 사람들처럼 잘 살지 못하면 어떻게 하지.' 하는 생각에 우울하게 된다. 더 나아가 '내가 뭘 잘못했어?' 생각하면 괜히 화가 나고 이 모든 감정이 복잡해지면서 강박증과 공황장애로 이어진다. 그러므로 자신을 사랑하는 것이 인생을 행복하게 해주는 길이다. 우리 몸에 면역세포가 가장 많이 분포하는 장소는 장(腸)인데 장은 우리 몸에서 음식이 소화되고 찌꺼기가 모이는 곳이다. 우리 몸의 나쁜 균을 물리치는데 도움을 주는 것이 면역세포인 만큼 매우 중요한 것이다. 한때 장 청소를 해야 건강하다고 해서 장 청결제가 굉장히 유행이었던 때가 있었다. 그런데 장을 깨끗이 청소하고 나니 면역체계의 불균형이 생기게 되어 내가 나를 적으로 알고 공격하는 자가면역질환을 초래하는 문제가 발생하였다. 이처럼 지나친 청결이 면역계의 불균형을 가져오는 것처럼 나 자신을 있는 그대로 받아들이지 못하는 지나친 완벽의 추구가 우울증과 같은 정신적 자가면역질환을 일으킬 수 있다. 그러므로 우리가 행복한 삶을 살기 위해서는 이 세상의 나를 유일무이한 존재로서 있는 그대로의 나를 소중하게 여기는 자기 사랑이 필요하다. 우리는 동물을 보며 "왜 그렇게 생겼느냐?" 하고 묻지 않고 돌과 바위를 보고 "왜 그렇게 생겼느냐?" 묻지 않는다. 물론 나무와 꽃을 보고도 왜 그렇게 생겼냐고 불평이나 비난을 하지 않는다. 그런데 왜 정작 자신에 대해서는 외모가 어떻게 생겼는지, 공부는 왜 못하는지 나 자신을 비난하고 스스로 무시하고 자신이 가지고 있는 장점을 보지 못한다. 나를 사랑한다는 것은 있는 그대로의 나 자신을 이해하고 받아들이는 것이다. 나는 '나대로', '나답게', '나로' 살아가면 그것만으로도 충분히 삶은 행복이 될 수 있다.

자생력을 만들 수 있는
밑거름을 만들어라

암이 발생하는 원인은 정말 다양하다. 건강한 사람도 매일 몸속에서 암세포가 발생한다고 한다. 매일 생겨나는 암세포를 찾아내서 죽이는 면역 시스템이 안정적으로 작동하기 때문에 우리의 몸이 암에 걸리지 않고 건강하게 유지되는 것이다. 그 역할을 하는 것이 NK세포(Natural Killer Cell, 자연살해세포)라고 알려진 것인데 이러한 세포가 체내에 1차 방어 작용 즉, 선천 면역을 대표하는 면역세포이다. NK세포의 역할은 비정상 세포(암세포나 바이러스 감염세포)를 스스로 감지하여 즉각적으로 제거하기도 한다. 그런데 이렇게 정교한 우리 몸속 시스템에서 변이가 일어나는 변수는 아주 다양하고 복잡하여 모든 것을 제어할 수는 없기 때문인데 아무리 좋은 약과 의술이 발달되었다 하더라도 암 정복이 어려운 이유가 바로 여기에 있는 것이다. 암을 유발하는 원인에 대해서 지속적으로 연구하고 있는데 그중 하나가 WHO 산하 국제암연구소이다. 이곳에서는 1970년대부터 역학조사를 통해 암 유발 물질을 확인하고 발암성을 분류해오고 있는데 2021년 기준 1,091개의 물질을 분류하였고 530여 개가 발암성 또는 발암 가능성이 있는 물질로 확인되었다고 한다. 우리가 흔히 말하는 발암물질이 이 자료에 기초하여 이야기하는 것이다. 하지만 이러한 발암성 물질은 먹는 빈도나 먹는 사람의 체질 등 여러 가지 요인에 따라 암을 유발하는 요소가 되거나 건강을 유지해주는 에너지원이 되기도 한다.

우리 인간이 행복을 100% 찾기 어려운 이유도 이와 마찬가지다. 행복한 사람도 불행한 사람도 일상적인 삶 속에서 매일 소소한 행복을 느끼기에 충분한 일들이 발생한다. 인간이란 존재가 행복을 추구하고 생존과 삶이란 것이 행복에 기초하여 지속성을 유지할 수 있기 때문이다. 우리 인간은 고통과 역경을 이겨내고 행복을 추구하는 삶의 시스템이 안정적으로 작동하기 때문에 우리의 삶이 불행해지는 것을 극복하고 건강하게 유지되는 것이다.

행복을 유발하는 요인이 다양하고 복잡하게 되어 있어 살아가면서 모든 것을 제어할 수는 없다. 또한 사람에 따라 행복에 대한 기준과 행복도가 다르게 나타난다. 그래서 살면서 행복을 추구하고 유지하기가 어려운 것이다. 인류가 이처럼 암을 정복하기 위하여 암을 유발하는 요인을 끊임없이 연구하듯 인류는 행복을 유발하는 요인을 끊임없이 다양한 방법으로 찾고 연구하고 있다.

결론은 내 몸을 타인이 대신해줄 수 없는 것처럼 내 행복을 타인이 대신해 줄 수 없는 것이다. 그리고 건강이 좋아졌다가도 악화되기도 하듯이 우리 삶에 있어서 행복도 좋아졌다 나빠지기도 한다.

몸의 건강도 기초체력 및 기초면역체계가 가장 중요하듯이, 삶의 행복에 있어서도 자생력이 가장 중요하다. 그러므로 그 자생력을 만들 수 있는 밑거름을 만들어야 한다.

좀 더 좋은 환경, 좀 더 좋은 조건에서 살고 싶은 것은 누구나 같은 욕구다. 그러나 현실적으로 그것을 어떻게 이룰 수 있을까?

지금 현재 우리가 살고 있는 사회는 돈과 권력이 이를 가능하게 해주는 데 있어 최고의 가치를 지니게 되고, 절대적인 역할을 해주는 자본주의 사회구조이다. 유럽과 같은 복지선진국에서는 가난하고 권력이 없더라도 부자나 권력자들과 비슷한 삶을 유지할 수 있다. 한국은 부자에게는 너무나 행복한 곳이지만 가진 것이 없는 사회적 약자들에게는 너무나 사는 게 힘겹고 각박한 것이 현실이다.

그건 개인의 책임을 넘어선 제도, 사회적인 문제가 절대적으로 작용하고 있기에 우선적으로 나 자신을 아는 것이 가장 중요하다.

인생을 잘 살고, 성공한 삶을 살아가는 데 있어 유전적 특징, 인맥과 기회, 환경도 중요하지만 결국엔 자신의 능력과 노력이 필요하다. 그 어떤 일도 영원히 굳건한 건 없다. 시종일관 운에 기대어 사는 사람도, 살 수 있는 사람도 없다. 유전적 특징, 인맥과 기회, 환경으로도 안 되면 결국 믿을 건 자신뿐이다. 그렇기 때문에 항상 삶을 살아가는 데 필요한 능력과 노력이라는 자생력을 만들 수 있는 밑거름을 만들어야 한다. 자생력은 희망이 좌절되고 불안이 일상화된 상실의 시대에 지친 당신을 위로하고, 상처받은 마음에 새살을 돋게 해주며 나를 지키는 근본적인 힘을 얻게 해준다.

머리엔 현실을, 가슴엔 이상을, 발은 오늘이라는 땅에…

　마음이 속삭이는 소리에 귀 기울이며, 태초에 자신에게 주어진 보물을 찾는 방법은 머리로는 이성적으로 생각하며 현실을 직시하며, 가슴으로는 이상을 추구하되, 발은 현실에 땅을 딛고 한 걸음씩 성실하게 노력하면서 앞으로 나아가는 삶을 사는 것이다. 이상만을 추구한다면 비현실적인 삶을 살게 되어 오늘을 온전하게 살수 없으며, 행복을 누릴 수가 없다. 이상만을 바라보며 살면 허송세월하게 되어 나중에 공허함과 상실감에 고통스러운 삶을 보내게된다. 그렇다고 해도 이상은 우리의 인생에 매우 중요하다. 이상이 없는 사람은 곧 삶의 한계를 맞이하거나, 매력이 없어지거나, 미래에 대한 성장동력을 잃기 쉽다. 인생을 살 맛나게 해주는 건 원하고 바라는 이상과 꿈이 실현되리라고 믿는 것이다. 우리는 지나간 날과 오지도 않을 미래를 마음 안에 가득 채워 넣어, 두려움과 불안함으로 우리에게 주어진 보물을 찾아내는 것에 실패한다. 하지만 그 모든 것을 이겨내고 꿈은 반드시 실현될 것이라는 믿음으로 살아간다면 그 자체만으로도 인생은 살맛 나고, 결국엔 원하고 바라는 꿈을 반드시 이루게 될 것이다.

　다음의 이야기는 꿈을 찾아 떠나는 소년의 이야기를 다룬 브라질의 소설가 파울루 코엘류(Paulo Coelho)의 소설 '연금술사' 마지막에 나오는 이야기를 나름대로 각색한 것이다. 옛날에 한 부자가 살았다. 이 부자는 많은 재산을 지키기 위해 걱정이었는데 그 아들이 지혜롭지 못해서 많은 재산을 다 탕진할 것 같았기 때문이다. 그래서 부자는 아이디어를 생각해 낸다. "아들아 이 모든 재산을 너에게 모두 물려줄 테니, 그 전에 너는 이 세상에서 가장 지혜로운 사람에게 찾아가 지혜를 배워와야 한다."라고 말하며 아들을 이 세상에서 가장 지혜로운 현자에게 보냈다. 몇 달을 힘들게 찾아다니던 끝에 마침내 아들은 현자가 사는 성에 도착하였다. 현자의 성은 말 그대로 온 역사의 지식창고였으며, 세상에서 가장 진귀한 보물들과 값비싼 그림들이 즐비했다. 현자를 찾아간 아들은 자초지종을 설명하고 현자에게 이 세상에서 가장 귀한 지혜를 알려달라고 부탁했다. 그러자 현자는 숟가락에 기름을 덜어주면서 말했다. "만약 당신이 이 숟가락에 있는 기름을 한 방울도 떨어뜨리지 않고 이 성을 다 돌고 온다면 내가 당신이 원하는 지혜를 알려주겠소! 단, 기간은 딱 하루요! 현자의 말을 들은 아들은 덜덜 떨리는 걸음으로 한 방울도 흘리지 않기 위해 노심초사하면서 성안을 다 돌았다. 다행히 한 방울의 기름도 흘리지 않고 현자를 만난 아들은 기쁜 마음으로 지혜를 배우기를 원했다. 현자는 아들에게 물었다. "성을 돌고 오는 동안 뭘 보았소" 아들이 대답했다. "숟가락의 기름이 떨어지지 않도록 숟가락만 보며 조심스럽게 걷느라 아무것도 보지 못했어요" 그랬더니 현자가 "아니 그런데 이 성에 얼마나 소중하고 귀한 보물과 그림이 많은데 그것들은 보지 못하고 온 것이요? 다시 하루를 줄 테니 시장이며, 도서관이며 성안 곳곳을 돌

슬기로운 인간생활

아다니면서 구경하고 다시 오시오."라고 말했다. 울며 겨자먹기로 아들은 현자의 말에 순순히 응할 수밖에 없었다. 하지만 현자의 말대로 성안 이곳저곳에는 현자의 말대로 이 세상의 진귀하고 새로운 것들, 오묘하고 신기한 것들이 많은지 몰랐었음을 깨닫게 되었다. 이에 아들은 현자의 말이 역시 맞았음을 알고 하루 동안 도서관이며, 시장이며 성안 곳곳에서 사람들이 보고 느끼고 즐기는 것들을 보고 마침내 하루가 지나고 현자에게 도착했다. 아들은 현자에게 말하였다. "현자님! 이렇게 세상에 신기한 것들이 많은지 몰랐습니다. 시장이며, 도서관이며, 제가 그동안 너무 어리석었습니다. 정말 저의 어리석음을 깨우쳐 주시고 저를 지혜롭게 해주셔서 감사합니다. 이 은혜를 어떻게 갚아야 할까요? 이제 배울 게 없다는 생각마저 듭니다." 이에 현자는 웃으면서 아들에게 물었다. "그런데 숟가락 위의 기름은 다 어디 갔소?"

지금까지의 이야기에서 '이 세상의 지혜'는 '숟가락의 기름을 한 방울도 떨어뜨리지 않으면서 세상의 구석구석을 돌아보는 것' 다시 말하면 '자신이 가진 사명과 이상과 목표를 잃지 않으면서 이 세상을 온전히 살아내는 것'에 있다.

숟가락의 기름은 '가슴속 이상'을, 세상의 구석구석 귀한 보물들은 '일상 속의 모든 아름다움을 보는 행복'을 이야기한다. 이 이야기의 궁극적 목적은 이상만을 추구하다가 일상생활의 행복을 놓치는 어리석음을 행하지 말라는 교훈을 담고 있다. 즉, 행복은 이 세상 구석구석 모든 아름다움을 보는 것과 동시에 가슴속에 담긴 이상을 잊지 않는 것이다.

자신이 가진 이상을 포기하지 않으면서도 현실에 꿋꿋이 발을 딛고 한 발짝 걸어가는 것. 이것은 한 방울의 기름도 흘리지 않고 세상 곳곳을 돌아다니는 것처럼 힘들지만 가능하다. 뜨거운 가슴과 차가운 머리를 갖는 것은 가능하다. 과거와 미래 사이에 '우리'의 현재가 있기 때문이다.

화려한 성공만을 바라는 어리석음을 범하지 말고, 그렇다고 현실의 바닥을 딛지 않은 채 허공에 발길질하는 몽상가가 되는 어리석음을 범하지 않아야 한다. 머리엔 현실을, 가슴엔 이상을, 발은 오늘이라는 땅에 철석 붙이고, 아름다운 성공을 향해 나아가야 할 것이다. 봄에 화려하게 피어 하얗게 세상을 수놓았다가 여름에 태양의 기운을 가득 머금고, 가을에 주렁주렁 황금빛의 열매를 다는 배나무와 같이, 꽃과 열매, 밥과 존재, 성공과 성숙을 고루 추구하는 현실적 이상주의자로 인생을 지혜롭고 멋지게 살아내도록 하자.

슬기로운 인간생활

부록

길을 잃고 방황할 때
인생 위기관리 매뉴얼

위험에 처했을 때

매사에 위험을 대비하는 게 최우선이지만, 부득이 위험에 처했을 때는 지혜롭게 극복하는 것이 필요하다. 누구나 살다 보면 재산적 손실, 소득 감소 등의 재무적 위험이나 실업, 인간관계의 위기, 가족관계의 위기, 자녀 교육, 건강 문제 등 비재무적 위험에 직면할 수 있다. 예기치 않게 부딪힐 수 있는 다양한 삶의 위험에 대비하여 행복하고 안정된 인생을 설계하는 것이 우선이지만, 재무적·비재무적 위험에 처했을 때 지혜롭고 현명하게 대처해야 한다. 위험이 닥쳤을 때 무엇보다도 냉정하게 판단하고 행동할 수 있어야 한다.

앞에서 말한 것처럼 위험에는 수많은 재무적·비재무적 위험이 존재하기에 각각의 위험에 대한 마음가짐과 대응은 개인의 역량과 개인이 처한 환경에 따라 수없이 많아 일일이 다 설명할 수가 없다. 고도화된 자본주의는 알 수 없는 위험을 극복하는 방식으로 새로운 기회를 확보할 수 있도록 도전에 대한 충분한 보상이 이루어질 때, 우리의 안전이 담보된다. 자본주의 사회는 철저한 재능 중심의 기능주의 사회활동에 기반을 두고 있으므로 안정적인 생존 위에 철저하게 위험을 인지하고 조절할 수 있는 능력을 요구받고 있다. 즉 자본주의에 근간을 두고 살아간다는 것은 필연적으로 경제활동을 요구하며 그 가치의 실현은 위험요인에 대한 인지능력과 대응 능력인 위험관리 능력을 요구한다. 그러므로 여기에서는 자본주의 사회에서의 필연적인 경제활동에 바탕을 두고 위기관리에 대한 '마음가짐'과, '대응방안'에 대해 이야기하겠다. 상상조차 힘든 위험을 지혜롭고 현명하게 이겨내고 극복하기 위한 마음가짐으로는 첫째, 위험에 닥쳤을 때 당황하지 말고 '내 인생에서 가장 위험한 순간은 아직 안 왔어.' 하고 담담하게 받아들여라. 아무리 위험한 상황을 겪었다 하더라도, 내 인생에 가장 위험한 순간은 아직 안 왔다는 것을 깨닫는 것이 중요하다. 가장 위험한 순간이 과거나 현재가 아니라 미래에 있음을 겸허하게 받아들이고 위험에 대처하는 면역력을 키워야 한다. 인생 전반에 걸쳐 겪어야 할 위험들을 잘 이겨내고 극복하는 사람들은 삶에 늘 위험이 잠복해 있음을 깨닫고 매 순간 감사할 줄 안다. 지금 현재의 위험을 극복하는 것은 앞으로 닥쳐올지도 모를 더 큰 위험에 대비하는 길이기도 하다.

둘째, '하늘이 무너져도 솟아날 구멍이 있어'라는 확신을 가지도록 하자. 우리는 언제나 위험을 이겨내고 극복할 수 있는 답을 찾을 것이다. 늘 그리해 왔듯이….

셋째, '초심으로 돌아가라'. 위험에 직면하게 된 과거에 대해 깨끗이 털어내고 용서하고, 밑바닥부터 다시 시작한다는 각오를 되새기도록 한다.

마지막으로 그 아무리 힘들고 위험한 상황이 나에게 직면했다 하더라도 '그 죽을힘으로 살아가자.'

다음은 개인이 위험을 관리하는 대응 방안이다. 많은 사람이 위험에 직면할 때마다 위험을 완화하고 감소시키기 위해 노력해야 한다고 생각하지만, 현실은 녹록지 않은 것이 사실이다. 적극적으로 위험을 제거하거나 회피하는 방법부터 아무것도 하지 않는 방법 등 몇 가지 방안을 살펴보면 다음과 같다.

첫째, 위험에 대처하는 가장 근본적인 접근방법으로 수동적인 '위험 회피(Risk Avoidance)'가 있다. 위험 회피 방법은 위험에 대처하는 방법의 비용이나 대가가 위험을 그냥 두거나 계속 유지할 때보다 월등히 크거나 높을 때 위험과 관련된 일체의 진행 과정이나 활동을 완전히 제거함으로써 위험에 노출되지 않게 하는 것이다. 예를 들어 그 일을 하려고 했을 때 잃게 되는 것이 너무 많을 때 접근방법이다.

둘째, '위험의 원인을 제거하여 위험 제거(Remove the risk by removing the source of the risk)하는 방법으로 위험 회피와 유사하지만 비용과 차이가 있는 적극적인 위험 제거가 있다. 이 방법은 위험을 발생시키는 요소를 처음부터 완전히 제거함으로써 위험 요소를 성공적으로 완화시키는 것으로 위험 회피가 위험과 관련된 일체의 진행 과정이나 활동을 완전히 제거하는 데 반해 위험을 야기하는 근원을 제거함으로써 진행 과정이나 활동에 관련된 위험 요소를 제거하는 방법이다.

셋째, '제어를 통해 위험 수준을 감소(Reduce the level of the risk through controls)하는 방법으로 '위험 변화(Risk changing)'라고 알려져 있으며, 보통 우리가 잘 알고 있는 위험 통제(Risk control) 접

근방법이다. 위험 통제는 사고, 부작용 또는 원치 않는 결과의 가능성을 감소시키는 제어장치를 도입 또는 수정하여 위험 수준을 감소시키며, 본질적인 위험이 감소된 후 남는 '잔류 위험'을 평가하여 허용 가능한지, 추가적인 통제가 필요한지를 결정한다. 이 방법을 선택할 때, 통제에 소요되는 대가나 비용은 위험 요소를 줄이지 않았을 때 발생하는 비용이나 다른 위험 관리 방법의 비용과 비교해야 한다.

넷째, '보험 또는 도움을 통해 위험 공유(Share the risk through insurance or support)하는 방법으로 보험사나, 주변 사람들에게 위험을 이전하여 위험을 분산시키는 방법이다. 단, 위험을 공유하는 것이 책임을 공유하는 것을 뜻하지는 않는다는 것을 명확하게 하는 것이 중요하다. 위험에 대한 비용 및 대가는 일부 전가할 수 있지만 위험에서 비롯된 책임은 여전히 본인에게 있다.

다섯째, 아무것도 하지 않고 위험을 감수(Do nothing and accept the risk)'하는 방법이다. 이는 '위험 유지(Risk retaining)라고 알려져 있고, 위험 해결을 위한 어떠한 조치도 취하지 않고 상태를 유지하는 방법이다. 위험 유지 방법은 통상적으로 일상적인 삶을 영위하는 데 있어 '지극히 정상적인' 부분으로 보이거나, 결과가 그리 심각하지 않고 영향이 제한적인 경우, 우선순위가 더 높은 위험 요소가 있거나 통제를 시행하거나 위험에 대비하는 것이 도저히 불가능할 때에만 선택하는 방법이다. 그런데도 위험 요소를 인지하고 경험으로 쌓아두는 것이 필요하다.

마지막으로 리스크를 높여 기회를 증진(Increase the risk to increase an opportunity)하는 방법이다. 이 방법은 대부분 사람이 사용하면 안 되는 방법이라고 생각하지만, 기회로부터 얻어지는 잠재적 수익과 이득이 위험 발생으로 인한 대가나 비용을 초과하는 경우, 추구하는 기회를 보다 증가시키기 위해 위험을 증가시키는 결정을 내릴 수 있다.

앞에서 설명한 위기 대응 방법을 취할 때 기억해야 할 중요한 핵심 사안이 있는데 하나는 세상 모든 이치가 그러하듯이 '위험 관리는 트레이드 오프를 수반한다는 것이다. 그러므로 '통제 비용 대 위험의 결과', '위험을 감수함으로써 얻게 되는 보상이나 기회'라는 대내외적 요인을 고려한 판단이 필요하다. 또 하나는 어떤 상황에서도 위험을 거부하는 것은 선택사항이 아니라는 것이다. 위험이 수용되더라도 위험의 존재를 정확히 평가할 수 있도록 위험의 존재를 분명히 인정해야 한다. 그래야만 효과적이고 적절한 위기 관리를 할 수 있게 된다.

외롭거나 두려움에 처했을 때

미국의 어느 연구자의 조사에 따르면 외로움을 자주 크게 느끼는 사람은 그렇지 않은 사람들보다 치매에 걸릴 확률이 약 91% 증가하고 종종 외로움을 느끼는 사람은 약 66%가 증가한다는 결과가 나왔을 정도로 좋은 관계는 우리의 삶을 윤택하고 행복하게 하는 데 절대적인 영향을 준다. 우리는 사회적 존재로서 근본적으로 인간관계를 통해 성장하고 발전할 수밖에 없다. 노년까지 오랜 시간 건강을 유지하는 사람들의 공통점을 살펴보면 내 가까이에 있는 주변 사람들과 나누는 공감, 소통, 이해, 사랑을 잘 나누는 인간관계를 유지하며 생활한다는 것이다. 이는 과학적으로도 증명이 되는데 좋은 사람들과 좋은 인간관계를 나누면 뇌에서 스트레스 호르몬의 분비가 억제되고, 옥시토신(아이가 태아에 있을 때 분비되는 호르몬, 일명 평화 호르몬이라 불림)의 분비가 활성화되기 때문이라고 한다.

인간이 외로움을 느낀다는 것은 자연스러운 감정이다. 하지만 사회적 관계의 부족으로 인해 고립이 장기화하면 문제가 된다. 외로움은 타인과의 관계 속에서 내가 어떤 가치를 가졌는지 정체성이 희박해질 때 나타난다. 어느 정신건강의학과 교수의 말에 따르면 "만성 외로움은 고혈압, 당뇨병 같은 신체 질환과 달리 특별한 위험군이 따로 없어 성별, 연령, 인종 등에 따른 차이가 없고, 전염력이 있는 감정이라는 것이 문제이며, 최근에는 노인뿐 아니라 젊은 청소년들 사이에서도 만성 외로움으로 인한 신체, 정신적 문제가 많이 생겨날 가능성이 커지기 시작했다."라고 한다.

우리의 몸은 만성적인 외로움 상태를 스트레스 상황으로 받아들여 수면의 질이 낮아지고, 면역력 저하에 직접적인 영향을 미치며, 질병에 잘 노출되고, 회복력도 떨어지게 된다. 만성 외로움이 뇌졸중, 관상동맥 질환, 치매의 발병 위험을 높이고 조기 사망 위험을 30%가량 높이는 위험인자라는 것과 우울증, 불안증을 초래해 신경계에 만성 염증을 유발한다는 결과가 다양한 연구에서 밝혀졌다.

외로움이 장기화되면 신체활동 부족과 알코올 의존, 흡연 등 건강에 좋지 않은 행동으로 이어질 위험이 크며, 주변에서도 알아차릴 수 있는 징후가 있어 사람들과 의미 있는 관계를 맺지 못해 친구가 없고 깊은 고립감을 주변에서도 느끼게 된다.

외로움에 대처하려면 첫째, 외로움을 인정하고, 관리가 필요한 상태임을 이해할 필요가 있다. 외로움은 타인과 관계를 맺어야 할 때임을 알려주는 자연스러운 신호다. 인간은 타인에게 약한 모습을 보이기 싫어하고 경쟁에서 뒤처지는 것이 아닌가 하는 두려움이 있어 외로워도 남들에게 표현하지 않는 경향이 있다고 한다. 하지만 의외로 많은 사람이 외로움을 느끼며 살고 있으므로 부끄러워하지 말고 다른 사람들과 연결할 수 있도록 용기를 내면 된다. 등산이나, 여행, 운동 동호회에 가입하여 사람들과 함께하는 것도 매우 좋은 방법이다.

둘째, 반려동물을 키우면 여러 가지로 매우 좋다. 귀여운 강아지, 고양이, 물고기 등 다양한 반려동물을 키우는 사람들이 갈수록 크게 늘고 있는 추세다. 반려동물을 키우면 무엇보다도 스트레스 호르몬인 코티솔 수치가 낮아지고 기분이 좋아지는 화학물질인 세로토닌이 상승하여 기분이 좋아진다. 또한 더욱 활동적으로 변하기 때문에 혈압 관리, 콜레스테롤과 중성지방의 수치를 낮춰주는 효과, 심장, 체력 증진, 면역력 강화 등 건강에 도움이 된다. 반려동물만큼 우리를 무조건적으로 따르고 사랑해주는 존재는 없을 것이다. 그것만으로도 우울증에 대처하고 회복하는 데 큰 도움이 될 수 있다. 우리가 말하고 싶은 만큼 반려동물은 그 말을 들어줄 것이고, 강아지나 고양이를 쓰다듬으면 마음이 차분해질 수 있으며, 반려동물을 돌보는 것은 혼자만의 생각에서 벗어나게 해주고, 기분이 좋아지도록 시간을 보낼 수 있게 해준다.

셋째, 반려식물을 키우는 것인데 반려동물을 키우는 것만큼 반려식물을 기르는 것만으로도 외로움과 우울증에서 벗어날 수 있고 큰 행복을 느낄 수 있게 해준다. 국립원예특작과학원 연구에 따르면 식물을 기르면 심리적 안정감을 얻을 수 있어 스트레스와 우울증 감소에 매우 큰 효과가 있다고 한다.

넷째, 외로움을 느낄 때는 종교를 가지는 것도 좋다. 남들이 보기에 24시간이 부족할 것 같은 스케줄로 바쁘고, 수많은 사람과 함께하면서도 늘 뭔가 2% 부족한, 허전하고 외롭다는 느낌이 문득문득 들 때가 많다면 종교를 가지는 것도 좋은 방법이다. 불교, 기독교, 천주교 등 어떤 종교든지 자신의 취향과 여건에 맞는 종교를 찾아다니다 보면 외로움으로부터 벗어나는 데 매우 도움이 될 것이다.

다섯째, 영화를 보거나, 게임을 하거나, 취미활동에 몰입하는 것도 좋다.

마지막으로 외로움은 덮고 모른 척하면 사라지는 감정이 아니라 오히려 공허함, 외로움이 더 커져만 갈 수도 있다. 외로움을 채우려 외적인 것에 꾸미기도 해보고, 쉬는 날 사람들을 만나러 다녀도 보고, 옷을 사서 나를 꾸미고 SNS를 하고, 나름 실컷 뽐내 봐도 그 감정은 그때뿐이다. 외부적인 것으로 그 외로움이란 감정이 사라지지는 않는다. 오히려 자신의 외로움을 타인으로부터, 외적인 것으로부터 채우려 할수록 그것들에 집착하는 내 모습이 나를 더 힘들게 할 수도 있다. 인생은 어차피 혼자 왔다가 혼자 가는 것, 자기 자신을 인정하고 있는 자기 자신을 사랑하면 외로움은 자연적으로 사라진다. 외로움은 타인이, 외부의 것들이 채워주지 않는다. 오직 있는 그대로의 나를 인정한 나 자신만이 내게 줄 수 있다는 것을 깨달아야 한다.

삶에 대한 확신이 필요한 때

살다 보면 불현듯 자신이 한없이 초라해지고 산다는 게 구차해질 때가 있다. 이런 생각으로 속이 뒤집어지기 시작하면 결국 삶에 대한 회의가 들고, 극단적으로 살고 싶지 않다는 생각까지도 하게 된다. 더욱 괴로운 건 왜 이런 생각이 불쑥불쑥 생겨나는지 그 이유를 정확히 알 수 없을 때가 많다는 것이다. 이렇게 삶이 힘들고 삶에 대한 확신이 필요할 때는 이곳에 한번 가보면 좋다.

첫째, '도서관'에 가보도록 하라. 인생이 답답하게 느껴지고 인생은 속력이 아니라 방향이라는데 도대체 어디를 향해 가야 할지 모를 때는 수많은 책이 있는 도서관에 가보도록 하자. 그곳에 가면 자신과 같은 심정이었던 작가들이 쓴 책들이 우리를 기다리고 있을 것이다. 꼭 해답을 찾지 않아도 좋다. 하지만 책들이 진열된 책장 사이를 걸으며 제목을 훑어보는 것만으로도 위안이 많이 될 것이다. '이렇게도 사연도 많고, 나 혼자서만 이런 고민을 하는 것이 아니었구나.'라는 깨달음과 함께 같은 추억을 간직한 옛친구를 마주치기라도 한 것처럼 반가움으로 마음에 딱 와 닿는 책 제목이 눈에 들어올 수도 있다.

둘째, 사는 게 덧없게 느껴지고, 이만 다 때려치우고 싶다는 생각이 들 때는 '종합병원'에 한번 가보도록 하라. 그곳에 가면 아픈 몸을 이끌고 살고 싶다는 간절한 마음으로 전국에서 온 환자로 가득 차 있는 것을 보게 된다. '내가 헛되이 보낸 오늘은 어제 죽은 누군가가 그렇게도 간절히 바라던 내일이었다.'라는 말이 있듯이 의미 없다, 헛되다는 말로 때려치우고 싶은 우리네 인생은 병들고 아픈 사람에게는 너무도 귀하고 소중한 것이다. 건강한 몸을 갖고 있는 것만으로도 충분히 감사할 일이다. 다른 사람의 고통에 대해 내 인생의 소중함을 깨닫게 되는 죄송함은 있지만, 다른 이의 병듦과 죽음을 통해 자신의 삶을 되돌아보는 것은 지극히 자연스러운 태도이다. 우리가 장례식장에서 고인의 명복을 빌기도 하지만 우리의 삶을 되돌아보는 것과 같은 이치이다. 병원을 둘러보면 자신이 얼마나 축복받은 인생인지 깨우치게 된다.

셋째, 사는 게 즐겁지 않고 무기력할 때 '새벽시장'에 한번 가보도록 하자. 우리가 이불속에서 뒤척이던 그 시간에 이렇게 많은 사람이 벌써 시장에 나와 땀 흘리며 일하고 있는 광경을 보면 생기가 충전된다. 특히 겨울에 새벽시장을 가보면 더욱 더 실감이 날 것이다. 깜깜한 새벽에 칼바람을 맞으며 일하는 사람들에게서 보여지는 밝고 활기찬 모습은 희망 그 자체가 된다. 굳이 새벽 시장이 아니더라도 가끔 재래시장을 찾아보도록 하자. 사람들의 활기로 꽉 찬 시장은 삶의 의욕을 다시금 일으켜 세우게 해주는데 매우 좋은 곳이다. 그러니 특별히 구입할 물건이 없다고 하더라도 가끔 시장을 찾아가 둘러보면서 생기 넘치는 에너지를 충전하면 좋을 것이다.

넷째, 자신이 한없이 초라하고 작게 느껴질 때 '산'에 가보도록 하자. 사람들마다 산에 오르는 이유는 제각각이지만 무엇보다 산에 오르면 머릿속 복잡한 상념들이 사라지고 풀리지 않았던 고민들도 땀 흘리며 산에 오르면서 답을 찾게 되거나 정리될 경우가 많다. 더구나 산 정상에 올라 발아래 펼쳐지는 세상을 내려다보면 돈 많다고 자랑하고, 제 잘난 맛에 큰소리치는 사람도 별거 아니라는 것을 세삼 깨닫게 될 것이며, 산 정상에 올라보면 삶에 겸손해야 한다는 마음이 절로 생겨난다. 가끔 산에 올라 건강도 챙기고 마음도 단단하게 다지도록 하자.

'고통은 인생의 기본값'이란 말이 있다. 산다는 것 자체가 고통의 연속이라는 뜻이다. 그러니 남들 또한 사는 게 다 힘들며, 내 인생만 유독 힘들고 지친 것이 아니다. 그래도 그 와중에 한 번뿐인 인생 충만하게 살아보려고 노력한다. 괜히 혼자서 사는 것이 구차하다, 갑갑하다, 초라하다. 그냥 다 때려치고 싶다고 생각할 필요가 없다. 남 들도 다들 그렇게 살아가고 있다는 사실만 떠올려도 힘이 솟는다. 삶에 대한 확신이 필요할 때, 도서관, 종합병원, 시장, 산에 올라 보라. 그러면 구차해 보였던 인생이 얼마나 소중한 것인지 깨닫게 될 것이다.

평안과 휴식이 필요한 때

우리는 그 어느 시대보다 풍요롭고 편리한 세상에 살고 있지만 문명과 기술의 발달은 편리함과 함께 과잉 정보, 과잉 커뮤니케이션, 과잉 경쟁 상황을 만들어 우리를 늘 무언가에 쫓기듯 바쁘게 살게 하였다. 우리는 눈 뜨는 순간부터 잠들기 직전까지 스마트폰을 비롯한 각종 디지털 기기에서 눈을 떼지 못하고, 공부, 직장생활, 자녀 양육, 부모부양, 각종 모임 등 숨 가쁘게 살아간다. 갈수록 시간은 빠듯해지고, 휴식을 갈망하지만 동시에 '아무것도 하지 않으면 무언가 놓치는 것은 아닐까?', '이러다 뒤처지지 않을까?' 하며 어색해하고 불안해한다.

대부분 사람이 생각하는 평안과 휴식을 둘러싼 네 가지 오해가 있다. 첫째, 휴식 시간이 없다는 것이다. 남들이 다 바쁘게 사는데 혼자만 긴장을 풀고 느긋하게 쉬고 있을 시간이 없다고 생각하는 것인데 필요할 때는 바쁘게 살지만, 그렇지 않을 때는 휴식을 취해야 한다. 둘째, 휴식을 위해서 특별히 시간을 내야 하고 많은 돈이 필요하다는 생각이다. 셋째, 휴식은 짧은 시간에 바로 가능하지 않고 충분한 시간을 필요로 한다는 생각이다. 넷째, 시간만 있으면 한가롭고 평안할 수 있다는 생각이다. 이 네 가지 생각은 모두 다 오해이고, 착각이다.

사람들은 여가 시간이 주어진다 해도 제대로 즐기지 못한다. 휴식을 즐길 줄 아는 사람은 중요한 일을 하는 와중에도 간간이 긴장을 풀고 평안하고 즐거운 기분을 맛본다. 결국, 휴식은 시간을 '얼마나 많이 가졌느냐?'의 문제가 아니라 어떤 태도와 관점을 갖느냐에 달린 것이다. 평안과 휴식이 필요할 때 유용한 것들로는 첫째, '숨쉬기'가 있다. 숨쉬기는 시간도 많이 필요하지 않고 비용도 들지 않는 언제 어디서나 손쉽게 할 수 있는 간단한 행위이지만 마음의 평안을 얻는 데 큰 효과를 볼 수 있는 방법이다. 사실 호흡은 감정과 밀접한 관계가 있으며, 숨을 천천히 충만하게 고르게 쉬는 방법을 알게 되면 감정 역시 차분하게 가라앉는다. 호흡을 연습하는 것은 스트레스 호르몬인 코르티솔 수치도 낮춰주는 효과가 있다. 호흡은 신경계 중 부교감 신경계에 속한 '휴식과 소화' 부분을 활성화시키기도 한다. 호흡 방법은 먼저 편안히 앉을 수 있는 장소에 이동하여 한 손을 배에 올리고 또 다른 한 손을 가슴에 올린 후, 배를 통해 깊게 숨을 들이마시는 데 가슴은 그대로 유지되면서 배만 나오는 것을 느껴보자. 숨을 2초 정도 참았다 내쉬며 같은 박자로 고르게 쉴 때까지 이를 반복한다.

둘째, '충분한 수면'을 취하는 것이다. 충분한 수면은 건강한 삶을 위한 필수 요소다. 하지만 다양한 이유로 인해 수면이 늘 부족한 현대인들에게는 다양한 질병이 나타날 수 있다. 특히 우리나라는 전 세계적으로도 대표적인 수면 부족국가로 잘 알려져 있다. 수면 부족으로 인한 질병 위험으로는 심혈관 질환 위험도 증가, 면역 기능 저하, 집중도 저하, 알츠하이머 유발, 감정의 기복, 사회성 결여, 비만, 조기 사망 위험 증가, 피부 트러블, 당뇨병 위험 증가 등 수없이 다양한 종류의 질병이 있다. 그러므로 개인마다 충분한 수면 시간이 다르지만 개인에게 필요한 충분한 수면을 취하는 것이 좋다. 충분한 수면은 피로 해소, 재충전, 정보 재정리 및 상처 치유, 뇌의 휴식, 뇌의 독소 제거, 인체에 유용한 호르몬 분비 촉진, 신체의 고통 회복력 강화, 욕구 해소, 상상 속 이미지를 통한 시뮬레이션 등 수많은 유용한 효과가 있다. 그러므로 충분한 수면을 통해 휴식을 통해, 일에 대한 능률을 높이고, 삶에 대한 질을 향상시키는 것이 좋다.

셋째, 도보나 산책 등 '가벼운 운동'과 더불어 충분한 '햇볕 받기'이다. 규칙적인 운동은 몸과 마음의 건강 유지를 위한 최고의 방법으로 걷기와 같은 유산소 운동을 매일 30분 정도씩만 해도 뇌에서 엔도르핀과 세로토닌 분비가 활성화 되어 기분이 좋아지며, 피로감을 줄이고 기운을 북돋으며, 수면의 질을 높여주며, 각종 질환 등에 걸릴 위험을 낮춰주는 효과가 있다. 또한 충분한 햇볕을 받으면 비타민D를 합성하여 세로토닌 수치를 늘리게 된다.

넷째, 음악 듣기, 독서, 영화 감상, 아이처럼 놀기 등 각종 취미활동을 통한 '몰입하기'가 있다. 마음의 평안과 행복을 느끼는 최고의 방법 중 하나로 몰입한 상태로 들어가는 것이 있다. 몰입감은 과도하게 생각하지 않고서도 현재 활동에 모든 정신을 완전히 집중했을 때 느끼는 감각으로 보통 정말 즐기는 것을 하거나 자신의 능력을 기반으로 노력해서 극복할 수 있는 도전을 겪을 때 가장 몰입하기가 쉽다.

다섯째, '명상', '멍 때리기' 등을 통한 무상무념(無想無念)의 고요한 상태를 유지하는 것이다. 명상은 생각과 마음을 비워 무상무념의 고요한 상태를 말하는데 아무것도 생각하지 않지만 정신은 맑게 깨어있는 상태로 몸과 마음 정신까지 모두 쉬고 있는 것이다. 우리가 생활하면서 넘치는 물건들을 정리하듯이 우리의 머리와 마음에도 정리가 필요하다. 명상은 스트레스를 줄여주고 숙면을 도와주며, 건강한 자아 형성에 도움을 준다. 또한 일의 집중력을 높여주고 기억력 감퇴를 줄여주는 효과가 있다. 명상을 잘하려면 명상이 가능한 장소를 찾아 편한 옷과 편한 좌석에 의지해 긴장이 쌓이지 않도록 편안한 자세를 위해주며, 눈을 감고 호흡에 집중하면서 호흡에 잡념을 내보내 몸과 정신이 점점 편안한 상태를 유지하게 만들어야 한다. 멍 때리기는 아무 생각 없이 멍하니 있는 상태를 유지하는 것으로 요즘 같은 바쁜 현대사회에 트렌드가 될 정도로 인기가 높은데 타닥타닥 타들어 가는 장작이나 향초를 응시하는 '불멍', 어항 속 물고기의 유영, 끝없는 바다의 출렁거림을 감상하는 '물멍', 청아한 싱잉볼(Singing bowl) 소리, 계곡에 흐르는 물소리, 숲 속 새 우는 소리 등에 집중하는 '소리멍' 등 다양한 종류의 멍이 그 인기를 말해주고 있다.

마지막으로 '자연으로의 여행'이다. 심리학자 레이첼 카플란과 스테판 카플란은 '주의 회복이론(ART: Attention restoration theory)'에서 집중을 통한 정신적 피로가 누적되었을 때는 자연환경에 노출되는 방법으로 회복할 수 있다고 말했다. 즉, 파란 하늘과 산, 나무 등 자연과 어울리며 지친 몸을 회복할 수 있다.

결국 몸과 정신의 회복을 위해선 잠시 쉬더라도 적절하게 쉬는 방법이 필요하다. 자신의 마음을 돌아보는 휴식은 곧 '자기 자신만의 휴식'을 의미하는데 사람마다 자신에게 맞는 휴식법이 다를 수 있다는 뜻이다. 그러니 앞에서 이야기한 휴식 방법 중 적절한 자신만의 휴식법을 찾아 활용하면 될 것이다.

근심과 걱정이 있을 때

행복한 생활은 근심과 걱정으로부터 해방되는 것이다. 우리는 삶을 살면서 너무도 많은 근심과 걱정 속에서 살고 있다. 많은 사람이 "정말로 단 일주일만이라도 근심과 걱정이 없는 삶을 살고 싶다."라고 생각한다. 근심, 걱정은 스트레스를 만들어 내고 이 스트레스는 우리 몸에 쌓이면 우리의 몸과 마음을 병들게 한다. 그래서 살면서 가능하면 근심, 걱정을 하지 않는 게 좋다. 이런 고민은 동서고금을 막론하고 경험하는 것이다. 탈무드에 나와 있는 이야기이다. 어떤 유대인이 랍비에게 물어보았다. "선생님 저는 근심과 걱정을 하지 않고 싶습니다. 큰 욕심도 없는데 왜 이렇게 근심과 걱정을 하는지 모르겠습니다. 근심과 걱정을 하지 않으려면 어떻게 해야 하는지 좀 알려 주십시오."라고 묻자, 랍비는 "근심과 걱정을 하지 않는 장소가 저기에 있지! 저기로 가보게." 하고 대답하였다. 이에 유대인은 기쁜 마음으로 랍비가 알려준 장소로 갔는데 눈앞에 펼쳐져 있는 것은 공동묘지였다. 유대인은 비로소 '아, 이 세상에서 우리가 살아있는 동안은 근심과 걱정을 하지 않을 수 있는 법은 없구나!'라며 깨닫게 되었다. 이렇듯 살아있는 동안 근심과 걱정이 있는 것은 당연한 것이다. 그리고 반대로 이야기하면 근심과 걱정을 하고 있다는 것은 살아있다는 증거이다. 실제로 우리 삶에서 근심과 걱정이 하나도 없다면 발전이 없을 것이다. 우리 근육도 마찬가지로 사용하지 않으면 점점 약해지지만 운동을 통해 무거운 걸 들고 이것을 통해 우리 근육에 고통을 주면 고통이 회복되는 과정에서 근육은 점점 더 강해지는 것을 알 수 있다. 우리의 인생도 마찬가지다. 계속되는 근심과 걱정은 '아픈 만큼 성숙해진다.'라는 말처럼 우리의 인생을 성장시킨다. 어차피 우리는 근심과 걱정이 없는 죽음에 이르게 되어 있다. 하지만 아무도 먼저 죽음을 맞이하고 싶어하는 사람은 없다. 심지어 천국에 가고 싶은 사람들도 천국에 가고 싶어서 죽음을 맞이하는 사람은 없다. 그만큼 우리 개개인의 인생은 매우 소중한 것이다. 인생은 매우 짧다. 이 짧은 인생에 당연히 수반되는 근심과 걱정을 털어 버리고 우리가 마음 편하게 살 수 있는 방법이다.

첫째, 근심과 걱정을 있는 그대로 받아들이고 당연시하는 것이다. 우리가 하는 근심과 걱정은 사실 대부분 지나치고 불필요한 것임을 알 수 있다. 40%는 일어나지 않을 일을 걱정하고 30%는 지나간 일을 걱정하고, 12%는 내가 걱정 안 해도 될 일을 걱정하고, 10%는 불확실한 일을 걱정하는 것이고, 나머지 겨우 8%도 내가 어찌할 수 없는 걱정이라고 한다. 즉, 걱정해 봐야 필요 없다는 것이다. 그러니 걱정 없는 평안한 삶을 살면 그만이다. 실제로 살면서 다음날 큰일이 일어날 것만 같은 근심과 걱정에 안절부절못하고 지냈는데 다음 날이 되어 아무런 일도 일어나지 않는 경험을 누구나 경험해 보았을 것이다.

둘째, 누군가에게 근심과 걱정을 털어놓는 것이다. 이 같은 행위만으로도 대부분 근심과 걱정은 사라지게 된다는 것을 알 수 있을 것이다. 믿을 만한 친구나 지인에게 말하고, 말할 친구나 지인이 없다면, 신(하나님, 부처님 등)에게 '신이시여 근심과 걱정으로부터 주 저앉지 않게 해주시고, 신으로 인해 근심과 걱정으로 해방되는 기 쁨을 맛보게 해주옵소서.'라는 기도를 통해 근심과 걱정을 털어 버리는 방법이 있다.

셋째, 단순하고 소박한 삶을 사는 방법이다. 자신의 삶에 만족하며, 단순하고 소박한 삶을 통해 우리는 근심과 걱정으로부터 벗어날 수 있으며, 심신의 평안과 건강을 유지할 수 있다.

넷째, 땀을 흘리고 운동하는 방법이다. 조깅을 한다거나, 자전거를 타거나 조금 격한 운동을 하다 보면 땀이 나면서 신기하게도 상쾌한 기분이 든다.

다섯째, 내일은 내일의 태양이 떠오른다는 사실을 기억하는 것이다. 누구에게나 자신의 삶은 자신이 감당할 수 있을 만큼만 주어진다. 그러니 냅다 근심과 걱정일랑 내동댕이쳐 버리고 잊어버리도록 하자.

슬픔에 잠겨 있을 때

살다 보면 누구나 매일같이 행복하고 기쁜 일만 있을 수는 없다. 갑작스럽게 찾아오는 일들로 인해 예기치 못한 깊은 슬픔에 빠지기도 한다. 우리 모두는 살아가는 데 있어서 여러 가지 슬픔을 접하고 그 슬픔을 견디며 살아가거나 극복하며 살아간다. 세상에 슬픔과 시련을 겪지 않는 사람은 없을 것이다. 슬픔의 무게는 저울질할 수가 없다. 그냥 내가 슬프면 슬픈 거지, 누가 더 슬프고 덜 슬프고는 없다. 갑작스러운 이별, 예상치 못한 질병, 가장 소중하다고 여겼던 것을 잃어버렸을 때, 이유를 알 수 없는 슬픔에 잠기는 경우가 종종 있으며, 가끔은 이 슬픔이 우리의 모든 것을 집어삼킬 수도 있다. 감당하기 어려운 슬픔이 찾아올 때를 미리 대비할 수는 없다. 슬픔은 언제나 예고 없이 찾아 온다. 그렇기 때문에 슬픔인 것이다. 우리가 소중하다고 생각하며 하나하나 쌓아 올린 것과 평범한 일상이 한꺼번에 무너져 내릴 수도 있다. 각자에게 다가오는 슬픔의 무게와 사람마다 슬픔을 극복하는 방법은 다르기 때문에 자신에게 맞는 방법을 찾아야 할 것이다. 하지만 당신이 지금 어떤 슬픔과 아픔을 겪고 있든 지금부터 알려주는 방식대로 해보라. 아마도 슬픔과 아픔을 최소한 감소시키거나 벗어날 수 있게 해주는 데 많은 도움이 될 것이다.

첫째, 그냥 실컷 울도록 해라. 누구나 눈물을 흘릴 때 카타르시스를 느끼게 마련이다. 그래서 펑펑 울고 나면 왠지 모를 슬픔이 눈물과 함께 내 몸에서 빠져나가는 기분을 느끼게 될 것이다.

둘째, 내가 느끼는 슬픔을 피하지 않고 있는 그대로 받아들이도록 하자. 슬픈 감정일수록 숨기고 피하기보다는 그때그때 스스로를 위로할 수 있는 시간을 가지며 치유해 나가야 한다. 마음속에 담아두는 슬픈 감정은 시간이 지날수록 자신을 더 힘들게 할 수 있다. 그러므로 어떤 일들이 나를 얼마나 슬프게 했는지 차분히 앉아서 생각해보며 천천히 나의 슬픔을 위로해 보라.

셋째, 가까운 친구나 가족에게 슬픔을 털어놓는 것이다. 이 같은 행위만으로도 슬픔으로부터 벗어날 수 있다. 자신의 슬픔과 아픔을 위로 해줄 수 있는 믿을 만한 친구나 지인이 없다면, 신(하나님, 부처님 등)에게 '신이시여 슬픔으로부터 나를 주저 않아 있지 않게 해주시고, 신으로 인해 슬픔으로부터 벗어나는 기쁨을 맛보게 해주옵소서.'라는 기도를 통해 슬픔과 아픔을 털어 버리는 방법이 있다.

넷째, 슬픔이라는 감정을 물건으로 치환해보자. 나의 슬픔을 어떤 물건에 쏟아 부어 어딘가에 버리거나, 깨부숴 버리거나, 불태워버리면 나의 슬픔도 그 물건과 함께 어딘가로 사라져버리는 효과를 가져올 수 있다.

다섯째, 시간의 흐름에 날려 보내는 것이다. 슬픔은 누구에게나 찾아오며 슬픔을 완전히 해소할 방법은 시간밖에 없다. 우리는 대부분 시간이 지나면 괜찮아진다는 사실을 당장 깨닫지 못하지만 슬픔은 가고 우리는 반드시 다시 행복해진다. 슬픔은 영원하지 않고 마음먹기에 따라 달라진다는 사실을 깨달으면 어떤 슬픔이 찾아오더라도 더 편안하게 슬픔을 날려 보내고 극복할 수 있게 된다.

마지막으로 굳이 슬픔에서 벗어나기 위해 너무 애쓰지 말고 '떠날 것은 떠나고 올 것은 온다'라는 생각으로 그냥 인연 따라 물 흐르듯이 흘러가도록 놔두면 편해진다. 세상 모든 것은 인연이 되어 왔다가도 인연이 다하면 떠나가게 되어 있다. 이러한 우주 자연의 섭리를 깨달으면 슬픔은 자연스럽게 우리에게서 사라지게 되어 있다. 세상에 존재하는 것은 사실 우리 소유물이 아니기 때문에 내 마음대로 하려는 욕심을 벗어버리면 슬픔에서 벗어날 수 있다. 설령 그것이 부모 자식 간, 부부 관계라 할지라도 인연이 다해 각자의 길로 가야 할 때가 오는 것이다. 살면서 너무 애쓰지 말자. 옛것을 너무 좋아하지도 말고, 새것에 너무 매혹당하지도 말자. 떠나가는 것에 대해 너무 슬퍼할 필요도 없고, 새롭게 다가와 유혹하는 것에도 사로잡혀선 안 된다. 다만, 인연 따라 물 흐르듯 흘러가도록 그냥 놔두도록 하자. 이 세상 모든 것은 다 내 마음대로 되는 것도 아니고, 내 마음대로 오고 가는 것이 아니다. 사람이든, 부와 명예든, 지위든, 건강이든, 소유물이든 간에 인연이 되면 내게로 왔다가, 인연이 다해서 떠나야 할 때가 되면 떠나도록 내버려 둬야 한다. 애써 붙잡을 것도, 힘들게 막거나 밀어낼 필요도 없다. 모든 것이 자기 인연을 따라왔다가 인연이 다하면 스스로 알아서 갈 뿐이다. 가고 나면 또 새로운 인연이 다가오게 마련이다. 뭘 바꾸려고, 어떻게 해보려고 늘 바쁘게 사는 마음과 욕심만 내려놓게 되면 자연스럽게 물 흐르듯 흘러간다. 내가 할 수 있는 것, 내가 좋아하는 것, 내게 익숙한 것들이 내 삶 속에 차곡차곡 쌓이게 된다. 좋고 싫은 것도 없고, 맞고 틀린 것도 없다. 성공도 실패도 없고, 가난과 부자도 없다. 어떠한 상황에도 다 여여(如如: 끊어지지 않고 변함이 없다)할 뿐, 그냥 그러할 뿐이다. 그러므로 익숙한 것이 떠나갈 때도, 새로운 것이 다가올 때도 인연을 따라서 그저 왔다가 가는 제행무상(諸行無常)이라는 것을 생각한다면, 슬픔에서 벗어날 수 있게 된다.

사람에 대한 실망감으로 가슴 아플 때

"사는 게 내 마음 같지 않다", "잠이 오지 않는다", "밥맛이 없다", "출근하기 싫다", "살고 싶지 않다", "기운이 없다" 등등 많은 사람이 사는 게 힘들다는 정신적 고통의 원인은 제각각 정도나 증상은 달라도 원인을 깊숙이 들여다보면 결국은 대인관계에서 오는 상처와 갈등이 대부분이다. 많은 사람이 사람에 대한 실망감과 인간관계 때문에 힘들어한다. 직장인 10명 중 8명이 인간관계 때문에 퇴사를 고민할 정도라고 한다. 그토록 많은 사람이 고민하고 있는 인간관계 어떻게 하면 잘 지낼 수 있을까?

우리 인간은 태어날 때부터 인간관계 속에 살아간다. 태어나면서부터 가족, 커서는 친구와 선후배, 사회에 나와서는 사회 동료들과의 관계를 맺으며, 희로애락을 함께하는데 그 속에서 어떤 관계를 맺는가에 따라서 인생의 행불행에 많은 영향을 끼친다. 그렇기 때문에 인간관계에서 덜 상처주고 덜 상처받는 것이 매우 중요하다. 누군가는 "너무나 힘든 인간관계, 안 하면 그만 아닌가요?"라고 말하기도 한다.

우리는 살면서 건강한 인간관계를 맺을수록 정신적인 건강도 더욱 성숙해진다. 정신적으로 건강하고 심리적으로 성숙한 사람은 내 인생은 내가 만들어간다는 자기주도력, 자기의지력, 자기결정력 즉 자기신뢰와 자율성이 높은 사람, 그리고 자율성과 더불어서 연대감, 다른 사람들과 더불어 살아가는 역량이 높은 사람이라 할 수 있다. 자율성이 높은 사람은 삶의 목표가 분명하고, 어려운 문제가 있을 때 남한테 의존하거나 남을 원망하지 않고 문제에 대한 해결책을 스스로 찾고, 그 선택의 결과에 대한 책임도 스스로 진다. 연대감이 높은 사람은 나와 다른 가치관, 생각을 가진 사람도 수용할 수 있는 관대함을 가진다. 그러므로 자기가 가진 것을 남들에게 나눠줄지 알고, 어떤 문제가 생겼을 때 공평함과 공정함을 원칙으로 문제를 해결하는 능력이 높다. 그러므로 건강하고 성숙한 인간관계를 맺을수록 정신적인 건강도 더욱 성숙해지고, 이는 우리의 삶을 더욱 행복하게 만들어 준다. 그래서 왜 그렇게 인간관계가 중요하냐 하면 우리가 정신적으로 성숙해지는 것도 있지만 사실은 '우리가 살아가는 존재 의미'를 어디에서 찾나요? 내 주변에 있는 가족, 친구, 동료들이 "넌 정말 소중해", "네가 이 세상에서 최고야","너 정말 잘했어" 그러면 '아 내가 존재할 의미가 있는 사람이구나'라는 생각이 들어서 기분이 좋아 열심히 살아야지 하는 생각이 든다. 반면에 "네가 해봤자 뭘 하겠니? 너 같은 사람은 필요

없어." 하는 이야기를 들으면 내가 살 필요가 있나? 하고 자존감에 상처받게 된다. 특히 성장 과정에서는 인간관계가 더욱 중요하다.

어렸을 때는 내가 어떤 사람인지 모르기 때문에 주위에서 하는 평가가 굉장히 중요한 작용을 한다. 특히나 가정은 내가 처음으로 접하는 환경이고, 가족은 태어나서 처음 접하는 사람이다. 그러므로 가족이 나를 어떻게 대해 주느냐에 따라서 정말 사랑받을 가치가 있고 나는 좀더 성장해야 하는 아주 중요한 사람이구나 하는 생각을 하게 되는데 "내가 왜 너를 낳았는지 모르겠다."라는 소리를 들으면 과연 내가 살 필요가 있을까? 하는 생각이 들게 된다. 이렇게 중요한 인간관계, 나의 심리적 성숙도 내 존재 의미에 영향을 미치는 건강한 인간관계를 맺는 것이 중요하다.

첫째, 세상의 모든 일은 보는 사람에 따라 각자 다르게 생각하고 나와 똑같은 생각을 하는 사람은 거의 없기 때문에 현실적으로 인간관계는 100% 자기 맘대로 되지 않는다. 인간관계는 상대방에게 기대가 크면 실망이 크고 실망이 크면 상처를 받기 때문에 기대의 절반 정도만 되어도 만족해야 한다. 또한 내 주위의 모든 사람이 자신을 좋아하길 기대해서도 안된다. 내 주위 사람 중 50%만 나를 좋아해도 나는 괜찮은 사람이라고 생각하고 만족하면 된다. 자신도 또한 상대방이 50%만 마음에 들어도 괜찮은 사람이라고 받아들여야 한다. 인간관계에 문제가 있다고 열등감을 가지거나 의기소침할 필요가 전혀 없다. 어떤 사람과의 문제지 내 인간관계의 문제라고 생각할 필요는 없다. 모든 사람이 당신의 마음에 들 수도 없을뿐더러 당신 또한 모든 사람으로부터 마음에 들 수는 없다. 살다 보면 누군가가 당신에게 화를 내거나 실망하게 된다는 사실은 불가피하게 발생한다. 당신이 누군가와 원만하고 좋은 관계를 구축하려고 애쓰는 동안, 다른 누군가는 실망하게 만들 수밖에 없기 때문이다. 그러므로 모든 사람과 원만히 지낼 필요는 없는 것이다. 물론, 그럴지라도 그 누구와도 적은 만들지 않도록 주의를 기울여야 한다. 모든 사람과 원만하게 지내지 못한다고 해서 실망하거나 죄책감을 느끼기보다는 속으로 참으면서 애틋한 마음을 가지는 것이 좋다. 당신이 그냥 내버려 두어도 어느 순간이 되면 필연이든 숙명이든 당신이 밀쳐내도 당신 주위에 남을 사람은 남을 것이고, 당신이 아무리 같이하고자 해도 떠날 사람은 떠날 것이니 실망하지도 말고, 맘 끓이지도 마라. 좋은 관계면 좋은 관계로, 좋지 않은 관계면 좋지 않은 관계로 떠날 때 아쉬워하고 올 때 반갑게 맞이하고 소박하고 소담한 관계를 유지하도록 하자.

둘째, 인간관계에서는 거리두기가 반드시 필요하다. 아무리 좋은 가족이 가까이 와서 붙으면 싫듯이 마음도 마찬가지로 너무 다가오면 거부감이 생긴다. 그렇기 때문에 적절한 관심을 필요하지만 지나친 집착과 간섭은 절대로 해서는 안 된다. 인간은 태생적으로 누구나 청개구리 심리를 가지고 있다. 왜냐하면 내 인생은 내 마음대로 하고 싶은 맘을 지니고 있기 때문이다. 나의 배려가 상대에게는 간섭이 될 수도 있고 때론 무관심으로 느끼게 할 수 있으므로 상대가 원할 때 원하는 정도만 해주면 적절하다.

셋째, 보통 우리는 모든 상대방에게 좋은 인상을 주고 싶어 하는 본성을 가지고 있어서 힘든 인간관계로 이어지는 경우가 많다. 특히 우리나라 사람들은 상대방의 부탁이나 제안을 거절하는 것에 상당한 부담을 갖는 경향이 있는데 현명하게 거절하는 것이 매우 중요하다. 거절할 때는 시시콜콜 이유를 구체적으로 설명하려 하지 말고 간결하고 명료하게, 그리고 부드럽고 때론 단호하게 하는 것이 좋다. 몇 번의 거절로 인해 떠날 친구라면 뭘 해도 언젠가는 떠날 친구이니 부담을 가지거나 스스로 상처받을 필요가 없다. 중요한 것은 내가 상대의 부탁을 거절하듯이 상대도 나의 부탁을 거절할 수 있다는 것을 받아들일 줄 알아야 한다. 거절은 100% 서로의 입장에서 하는 것이다.

넷째, 아무리 좋은 재료라 할지라도 날것으로 했을 때 문제가 생길 수 있는 것처럼 적절한 감정의 여과장치가 필요하다. 좋은 감정은 있는 그대로 표현해도 상관없지만 화가 난다든지 상대방에게 뭔가 할 말이 있을 때는 잠시 멈춰서(Stop), 내가 느끼는 감정이 적절한가? 지나친가? 나를 다스린(Control) 뒤에 표현(Expression)하는 것이 좋다.

마지막으로 언어와 태도가 매우 중요하다. 어떤 사람이 자신은 굉장히 열심히 일하는데 고객들이 자신을 별로 좋아하지 않는 것 때문에 힘들다고 이야기하는데 살펴보니 그 사람은 일을 하면서 날카로운 목소리와 지적하는 태도 때문이란 걸 전혀 모르고 있었기 때문이었다. 나중에 본인이 목소리와 태도를 바꾸고 나서 고객과의 관계가 좋아졌다고 한다.

이처럼 언어와 태도는 인간관계에 있어서 매우 중요하다. 상대에게 말하는 언어와 태도에 못지않게 나와 다른 의견을 듣는 경청의 능력도 매우 중요하다.

돈이 없어 힘들다고 느낄 때

세상은 더욱 풍요로워졌는데 갈수록 힘든 세상이다. 내 월급 빼곤 하루하루가 다르게 솟구치는 부동산 가격, 자녀가 커갈수록 늘어나는 사교육비를 어찌 감당할지가 언제나 삶을 힘들다고 느끼게 한다. 심지어 당장 부족한 이번 달 생활비를 걱정해야 할 때도 있다. 돈이 반드시 행복을 가져다주지 않는다는 연구 결과도 많다는 것을 많은 사람이 알고 있지만 경제적으로 열악한 상황에 있는 사람들은 돈에 영향을 많이 받게 되는데, 우리 사회 전반적으로 중산층이 몰락하고, 경제적 궁핍이 확산되면서 돈이 삶에 미치는 영향이 점점 중요해지고 있다는 것은 주지의 사실이다. 맹자는 '무항산(無恒產) 무항심(無恒心)'이라 말했는데 이는 '일정한 생업이나 재산이 없으면 올바른 마음가짐을 유지할 수 없다.'라는 뜻이다. 오늘날 가정과 사회에서 발생하는 수많은 범죄와 죽음이 대부분 돈과 연관되어 있다. 자본주의 사회에서는 분명한 것은 돈이 많다고 반드시 행복한 것은 아니지만 잘 살아가기 위해서는 돈이 없으면 그만큼 힘들고 괴로운 삶을 살아갈 가능성이 높아진다. 모든 생명은 힘을 추구하고, 힘이 있는 것을 싫어하는 생명은 없다. 자본주의 사회에서 돈은 곧 힘을 의미한다. 모든 생명은 자유를 추구하는데, 돈이 있으면 '할 수 있는 자유'와 '하지 않아도 될 자유'를 동시에 누릴 수 있다. 힘과 자유, 자본주의 사회에서는 돈의 또 다른 이름이라 할 수 있다. 돈에 쪼들리는 스트레스가 우리의 몸과 마음에 미치는 영향을 살펴보면, 몸이 위협에 처했을 때 신속하게 반응할 수 있게 해주는 생존 기제로 발달된, 투쟁-도피(Fight-or flight) 반응을 일으키고 아무리 지적인 사람이라 해도, 돈에 대한 스트레스는 평소라면 좋은 결정을 내리는 능력을 저해시켜 잘못된 결정을 내릴 가능성이 높아진다. 또한 불안, 우울증 등 정신건강 문제가 생길 수 있으며, 만성적 스트레스는 심장병, 당뇨병, 만성 수면 문제 등 심각한 육체적 질병으로 이어지고 약물 사용과 중독 위험도 커진다. 경제적 어려움을 겪고 있을 때는 희망이 없다고 느껴질 수 있다. 특히 겨우 입에 풀칠하고 사는 경우라면 더욱 그렇지만 어떠한 상황에서도 우리는 방법을 찾아야 하며, 늘 그랬듯이 방법을 찾게 된다.

이에 돈이 없어 힘들다고 느낄 때 할 수 있는 방법으로는 첫째, 돈이 없어 힘들다고 느껴졌을 때 당황하지 말고, '지금이 내 인생의 가장 밑바닥이야.' 하고 현실을 담담하게 받아들이도록 하라. 그리고 '남들도 마찬가지로 힘들게 살아가고 있어.' 하며 스스로를 위안하고, 지금 이순간 살아 있는 것만으로도 감사하다는 생각을 가지도록 하라.

둘째, 비교하지 말고 욕심내지 않는 것이다. 돈이 많고 적음보다는 그 본질적인 문제가 심리적 부분에 있는 경우가 많은데 비교의식, 소비 욕망과 과시욕 등의 심리적 요인은 우리를 힘들게 하고, 우리가 돈이 없게 만드는 주적이므로 비교하지 말고 욕심내지 않으면 돈이 없어 힘들다고 느껴지는 것으로부터 벗어날 수 있다. 그리고 신체 건강하면 더 이상 인생 크게 바랄 것도 없다.

셋째, 돈을 많이 벌어 경제적 자유를 확보하는 것이다. 1단계로 더욱 힘을 내어 돈을 벌고, 2단계로 근검 절약을 통해 돈을 모으고 3단계로 재테크를 통해 돈을 불리는 것이다. 사실 돈을 많이 버는 방법은 너무나 간단하다. 수입이 지출보다 크면 된다. 항상 수입에 비해 지출이 적은 생활 구조를 유지하면서 그 잉여 자산이 비록 적을지라도 종잣돈 삼아 꾸준하게 재테크를 하면 된다. 세상에 거저 얻어지는 부는 없으며 노력 없이 얻어지는 공짜도 없다.

넷째, 반드시 돈이 없어 힘든 이 상황을 극복할 수 있다는 확신을 가지도록 하라. 또한 돈을 많이 벌게 될 것이라는 희망을 가슴에 품도록 하라. 성경 구절에서 '마음을 이기는 자는 한 도시를 정복하는 자보다 강하다.' 했고, 칸트는 '나는 해야 한다. 그러므로 할 수 있다.'라고 말했듯이 세상은 강한 확신을 가진 사람들의 것이다.

다섯째, 경제적 자유를 확보하고, 경제적 성장을 위해서도 꾸준히 노력해야 하지만, 돈과는 무관하게 내가 성취할 수 있는 일을 만들고, 그것을 통해 자기 삶의 보람과 자신감을 쌓아 가는 것이다. 가진 것 없어도 일단 나 자신이 누구보다 당당해져야 한다. 즉, 돈으로 따질 수 없는 내가 할 수 있는 것을 늘리는 것이다.

내가 한 일에 낙심하여
풀이 죽거나 의기소침해질 때

'낙심(落心)'은 사전적 의미로 바라던 일이 이루어지지 아니하여 맥이 풀리고 마음이 상한 상태를 말한다. 유사한 말로 낙담, 상심, 실망 등이 있다. 무슨 일이건 내가 원하고 바라는 대로 이루지 못할 때 우리는 낙심하게 된다. '아, 내가 왜 이토록 바보 같은 짓을 했지?', '이제 도대체 어찌해야 하나?', 근심하고 걱정하다가 점점 더 위축되어 간다. 낙심하게 하는 부정적인 메시지나 생각을 덥석 받아 가슴속에 묻고는 종일 되뇌게 되면 점점 더 깊은 수렁에 빠지고 만다. 낙심할 말을 듣거나, 일을 만났을 때 절대로 상심하지 말아야 한다. 낙심할 수밖에 없는 상황에 부딪히더라도 자신에게 스스로 '네가 뭔데?', '이까짓 게 뭐가 대단한 거라고.' 하며 스스로 위안을 주도록 하라.

낙심에서 벗어나는 방법은 첫째, 낙심한 이유를 찾아 스스로 자신을 꾸짖는 성찰(省察)을 통해 자기 마음을 살펴 돌이키고 용서하는 것이다.

둘째, 낙심하지 않을 비결은 패러다임을 전환하는 것이다. 예를 들어 '돈이 없으면 불행하다 그러니까 돈을 벌어야 한다.'라는 것은 현대인이 가진 가장 보편적인 패러다임이다. 그런데 '아무리 해도, 일평생 돈을 좇으며 노력해도 안 되는 거 차라리 다른 것에서 행복을 찾자'라고 결심한다는 것은 바로 패러다임을 바꾼 것이다. '그리고 나만 그러는 게 아니라 모든 사람이 다 마찬가지다. 그러니 그냥 운명에 맡기자.'라는 태도의 반전이 곧 낙심으로부터 벗어나는 출발점이다. 이처럼 본질적으로 패러다임의 전환은 낙심할 수밖에 없는 상황을 바라보는 관점을 통째로 바꿔 놓게 된다.

셋째, 나는 할 일을 다했을 뿐이고 일에 대한 결정은 내가 하는 것이 아니라는 사실을 인정하고 받아들이는 것이다. 자신은 주어진 능력과 환경 속에서 스스로 최선을 다했다는 사실을 아는 것이다. 이러한 자기 인식과 자기 고백에서 낙심을 이길 힘을 얻게 된다. 즉 진인사대천명(眞人事大天命)을 생각하고 자기 정체성과 한계를 분명하게 확인하게 되면 절대로 낙심하지 않을 수 있다.

넷째, 후회하지 않는 것이다. 과거에 붙들려서 종일 탄식하며 눈물짓지 말라, 섣불리 자신을 탓하지 말아야 한다. 모든 판단은 하늘과 운명에 맡기는 게 좋다. 세상 사람들은 서로 비교하고 남에 대해 평가하고, 손가락질하느라 바쁘다. SNS를 통해서 온갖 비난과 욕설을 쏟아내지 않는가?. 그러니 설사 낙심할 일이 벌어졌다고 해도 자책하지 말아야 한다. 세상 사람들의 말과 우리가 기대하는 것들은 우리 삶 전체적으로 보면 매우 사소하고 전혀 중요하지 않은 것들이 대부분이라는 사실을 기억하자. 그저 우주와 자연의 섭리에 따라 살아가기 시작하면, 자신의 중심이 절대로 흔들리지 않고, 낙심으로부터 쉽게 벗어날 수 있다.

마지막으로 '네 시작은 미미했으나, 네 나중은 심히 창대하리라'라는 말처럼 자신에 대한 믿음과 확신을 가지고 새롭게 출발하면 오히려 더욱 더 힘이 솟구치는 것을 느끼게 된다.

결론적으로 우리는 어떤 일이 원하고 바라는 대로 이루어지지 아니했다고 절대 낙심할 필요가 없다. 어떻게 살든 우리의 삶은 최선의 삶이다.

화가 나고 분노가 느껴질 때

화는 언제 어디서나 불시에 우리를 찾아온다. 우리는 하루에도 시시때때로 화가 나고 심하면 분노까지 느껴지는 경험들을 하게 된다. 화가 난다고 해서 함부로 말을 한다거나, 즉흥적인 행동을 하게 되면 원하지 않는 결과를 가져오게 되며, 화는 더 큰 화를 불러내어 우리의 인생을 망가뜨리고, 행복을 파괴하므로 화를 다스리는 것은 바로 행복의 비결이다. 더 나아가 화를 다스리면 인생이 달라진다. 화가 나거나 분노가 끓어 오를 때는 다음과 같이 대처하면 좋다. 물론 화를 내는 것과 분노가 일어나는 것을 다스린다는 것은 좀처럼 쉽지만은 않다. 우리 인간의 DNA 구조 속에서 화를 내고 분노를 일으키는 감정이 자연스럽게 들어 있기 때문이다. 사실 이러한 화와 분노는 인간의 생존을 가능케 해오는 데 상당한 역할을 해왔다. 다만 현대 문명사회에서 그것을 어떻게 적절히 조절하느냐가 우리의 삶에 있어 매우 중요한 과제가 되었다. 화와 분노를 조절하는 방법으로는 다음과 같은 것들이 있다.

첫째, 화가 날 때는 폭발 직전까지 참아 키우지 말고 화가 처음 나기 시작할 때를 바로 인지하여야 하고 그 생각을 빠르게 전환하도록 한다. 그렇기 때문에 '내가 슬슬 화가 나고 있구나.'라고 생각하고 '난 나의 화를 다스릴 수 있다.'라고 생각함과 동시에 이러한 생각을 하는 나 자신에 대해 대견한 마음을 가진다면 아주 좋은 효과가 있다.

둘째, 일단 무조건 참는 방법이다. '참을 인 세 번이면 살인도 면한다'라는 속담을 되새기며, 심호흡을 깊게 해보라. 이렇게 화를 참다 보면 화가 줄어들어 자기 자신을 컨트롤할 수 있다.

셋째, '인간이란 원래 그런 거야.' 하며 '외면하기', '무시하기' 방법이다. 예를 들어 누군가가 속을 상하게 할 때마다 '원래 인간이란 존재가 다 자기 멋대로 살려 하는 거야." 그리고 '절대로 인간들은 쉽게 변하지 않는 거야.'라고 생각해 버리도록 하자.

넷째, 우리가 사는 세상은 희극적 요소가 많다. 그러니 화가 나고 분노가 날 때면 그냥 웃어 넘기는 방법이다.

다섯째, '내가 왜 너 때문에'라고 생각하는 방법이다. 나를 화나게 만들고 분노를 일으키게 만드는 사람은 전혀 마음의 상처를 입지 않고 있는데 나만 화를 내게 되면 너무 억울하고 분통 터지지 않을 수 없다. 그럴 때면 '내가 왜 네까짓 것으로 인해 스트레스 받고 화를 내야 하지?' 하고 괜히 시간 낭비와 에너지 낭비할 필요가 전혀 없다고 생각하라.

여섯째, '까짓것 좋다 내가 용서한다.'라고 생각하는 방법이다. 화가 나는 일이 발생했을 때는 이렇게 통 크게 생각해버리도록 하자. 이렇게 통 크게 마음먹으면 더 커질 수 있고, 무엇이든 할 수 있는 대단한 능력을 가지게 된다.

일곱째, '그럴 만한 사정이 있겠지.'라고 생각하는 방법이다. 의식적으로 역지사지의 생각으로 빠르게 전환하여 '내가 저 사람이라도 저럴 수밖에 없었을 거야.' '뭔가 그럴 만한 사정이 있어서 저럴 거야.'라고 생각해 버리면 나 자신이 오히려 대인배가 되고 승자가 된 기분에 마음이 편해진다.

여덟째, '새옹지마(塞翁之馬)'를 떠올리는 방법이다. 세상만사(世上萬事)는 시시각각 변화하여 화가 복이 되고, 복이 또 화가 될지 모르는 일이라 결국, 마음먹기에 달려 있으므로 화가 나는 것에 연연하지 말고 '세상만사 새옹지마'라고 생각하며 화를 삭이는 방법이다.

아홉째, '시간이 약'이라 확신하는 방법이다. 지금 당장 화가 나는 일도 며칠 지나면, 아니 바로 몇 시간만 지나고 보면 별것 아니

슬기로운 인간생활

라는 사실을 깨닫게 된다. 그러니 누군가가 나를 화나게 만든다 해도, 아무 일도 없다는 듯이 전진해서 더 잘살고 멋지게 잘 살면 진정한 승자가 된다.

열 번째, 즐거웠던 순간이나 취미생활에 집중하는 방법이다. 사람의 감정은 시시각각 변한다. 그러므로 화가 난다면 의식적으로 빠르게 즐거웠던 순간이나 자신이 가장 기분 좋은 행동이나 취미 활동 등으로 의식과 행동의 전환을 통해 화를 잊어버릴 수 있다.

지금까지 이야기한 화와 분노를 통해서도 통제가 안 된다면 너무 화가 나고 분노가 치미는 순간 모든 걸 멈추고 일단 무조건 잠깐 바람 좀 쐬고 온다고 하고 자리를 피하도록 하자.

'말 한마디에 천 냥 빚을 갚는다'라는 말이 있고 '발 없는 말이 천리를 간다'라는 말도 있듯이 화가 나고, 분노가 치밀었을 때 하게 되는 말과 행동이 자신에게 복을 가져올 수도 화를 불러올 수도 있고, 심지어 자신의 미래를 결정할 중요한 순간이 될 수도 있다. 그러므로 지혜롭고 현명하게 잘 대처하여야 한다.

힘들고 지칠 때

'낙법'이라는 말 들어보신 적이 있는가?

낙법은 넘어지거나 떨어지게 될 때 아픈 충격을 최대한 덜 받는 방법, 또는 무술을 하는 데 있어서 공격을 받았을 때 이를 잘 넘겨내고 방어하는 방법을 뜻한다. 우리는 살면서 수많은 어려움과 크고 작은 위기를 직면하게 되는데 이를 현명하게 잘 이겨내기 위해 우리가 기억해야 할 인생의 낙법 3가지를 알고 있으면 삶을 살아가는 데 있어 큰 도움이 된다.

첫째 타인과 나의 상황을 비교하지 말라. 힘든 상황이 닥친 나의 처지와 다른 사람의 처지를 비교하는 행동은 어려운 상황을 해결하는 데 절대로 도움이 되지 않으며 오히려 나를 더 힘들고 지치게 할 뿐이다. 내가 가지지 못한 것, 다른 사람이 가진 것을 비교하는 '비교 게임'에서는 아무도 이길 수 없다. 비교 게임이 가진 본질은 자신의 가치와 상황을 깎아내리는 것이기 때문이다.

둘째, 홀로 고통을 마주하라. 자신의 삶에 나타난 고난을 가장 잘 알고 해결할 수 있는 사람은 자신이다. 잠시 다른 사람들에게 의지하고 나의 힘든 이야기를 나누는 것도 좋지만 결국 내 삶의 어려움을 가장 잘 해결할 수 있는 유일한 사람은 나 자신이다. 자신의 능력을 믿고, 용기 있게 자신 있게 문제를 홀로 직면하고 돌파하라. 이를 계기로 한 단계 고양된 삶의 국면으로 들어가게 될 것이다.

마지막으로 다시 올라갈 준비를 하라. 삶의 흐름은 오르고 내리는 롤러코스터와 같이 흘러간다. 고통스러운 현재는 영원할 것 같지만 결코 영원하지 않다. 오르막이 있으면 내리막도 있다는 오래된 표현은, 반대로 내리막이 있으면 오르막도 있다는 긍정적인 표현으로 바뀔 수 있다. 좋지 않은 지금 상황은 나의 인생이 긍정적인 국면으로 바뀌기 직전임을 나타내는 표시임을 명심하라. 산불이 난 뒤 폐허를 딛고 새로운 새싹과 나무들이 생명을 피워내고 다시 대자연을 만들어 내듯이, 우리의 삶도 마찬가지다. 지금의 힘든 상황과 고통은 미래를 위한 자양분이 되어서 나의 삶이 한 단계 더 성장할 수 있게끔 만들어 줄 것이다. '세상은 나에게 이겨낼 수 있는 상황만 준다.', '이보다 더 나쁠 수는 없다.'라는, 자신감 넘치고 긍정적인 생각으로 현재를 발판 삼아 앞으로 나아가기를 바란다. 생각만으로는 극복할 수 없지만 행동으로는 극복할 수 있다. 소소한 것일지라도 당장 뭔가를 상황을 개선하기 위한 행동을 시작한다면 새로운 힘과 용기가 생겨날 것이다.

이제는 삶과 행복의 의미를
다시 깨달아가고 있습니다

우리 인간들은 문명의 발전을 거듭하며 진보하고 있다. 특히나 유별나게 우리나라 사람들은 계속 쉬지 않고 앞만 보고 달리고 있다. 문득 나 자신을 비롯하여 우리 모두에게 묻고 싶어졌다. 과연 어디로 달리고 있나요?

우리들 인생을 보면 '열심히 사는 것'이 삶과 행복이라 생각하는 것 같다. '열심히 일하는 것'은 이해하는데 '열심히 사는 것'은 도대체 뭘까? 사는 건 그냥 사는 것일 뿐인데 말이다.

어떻게 열심히 살까? 그래서 정말 우리들 인생을 보면 경주마처럼 경쟁하듯 앞만 보고 달리는 느낌이 든다. 숨을 쉬지도 않고 계속 마라톤을 하는 것만 같다.

도대체 어디로 갈까? 도대체 쉼 없이 달려 어디로 가는 걸까? 삶과 행복에 대한 의미를 새롭게 깨달으면서 나의 인생은 전혀 새롭게 바뀌었다. 그래서 이제는 삶과 행복의 의미를 다시 깨달아가고 있다.

이 책을 쓰기 전까지만 해도 난 여전히 삶과 행복에 대한 의미를 보통 사람들과 같이 여기며 살아왔다. 물론 주변 사람들보다 행복한 삶에 대해 좀 더 고민하고 연구를 하며 살았다고 자부해왔지만 결국 삶과 행복의 의미를 깨닫고 살아가기에는 많이 부족했다. 오히려 주변의 지혜로운 많은 이들보다도 한참 부족했던 것 같다. 하지만 이 책을 쓰기 시작하는 순간부터 인생을 좀더 온전하게 살 수 있게 되었다.

이제는 언제 어디에 있든지 즐겁고 재미있게 살아가려 한다. 이것이 '진정한 삶과 행복'이요, 우리 모두가 가져야 할 '인생 철학'이라는 깨달음을 알게 된 것이다.

행복은 바로 이 순간 우리 곁에 있다.

나는 아직까지는 온전히 자유로운 삶을 살아가는 사람은 아니다. 하지만 온전히 내게 주어진 그 삶을 누리기 위해 끊임없이 한 발 한 발, 일상 속 수행자의 자세로 정진해 나아가고 있다. 이 책은 답답한 현실 속에서 삶의 의미를 찾고 행복한 생활을 하고 싶은 사람들에게 필요한 내용을 충분히 담았다고 자부한다. 이 책은 당신을 위한 것인 동시에, 나를 위한 것이기도 하다. 얼마 안 되는 짧은 기간이지만 지금까지 내가 걸어왔던 길을 되돌아볼 수 있는 매우 소중한 기회였기 때문이다.

그 과정에서 나의 삶을 되돌아보고 체계적으로 정리할 수 있었으며, 자연스럽게 삶과 행복의 의미를 다시 한번 가다듬는 소중한 시간이 되었다.

열심히 살고 있는데 삶이 좀 더 나아지지 않다거나 행복이 늘어나지 않는다면 한번쯤은 자신을 되돌아 볼 필요가 있다.

이 책을 쓴 나의 목적은 분명하다.

삶에 대한 방황, 삶에 대한 고뇌, 삶에 대한 괴로움, 삶에 대한 고통으로 힘들어하는 모든 이의 삶에 한 줄기 희망의 빛이 되었으면 하는 바람, 단 하나뿐이었다

바쁘게 살아갈 수밖에 없는 이들에게 삶의 본질에 대한 명쾌한 방안들을 제시하여 꽉 막힌 듯 답답하고 괴로운 일상의 삶 속에서 행복의 길을 깨닫고 행복한 삶을 살아가도록 해주고 싶었다. 아니 어쩌면 '나도 모르는 무엇인가가 이 글을 쓰게 만들었다.'라는 표현이 맞을 것이다.

물론 이미 삶의 의미와 행복에 대해 깨달음을 얻고 지혜롭게 살아가는 사람들에게 이 책의 내용은 이미 다 알고 있는 식상한 내용일 수 있겠지만 그래도 묵묵히 많은 시간과 열정을 쏟아 부었다. 최소한 이 책을 접한 사람들에게 삶의 의미와 행복을 명확히 제시하고, 방향을 잡아주고, 그것이 무엇인지, 어떻게 살아가야 하는지를 알려주고 싶었고 그들도 나처럼 삶과 행복의 의미를 새롭게 깨닫고 행복한 삶을 살기를 바랐다. 이 책을 다 읽고 나서 세상을 바라보는 관점과 삶을 이해하는 방식이 자신도 모르는 사이에 좀 더 풍성하게 변화되어 삶을 살아가는 데 있어서 선하고 유익한 영

향을 미치기를 기대한다.

여러분의 삶과 행복의 길에 이 책이 조금이라도 도움이 된다면 더할 나위 없이 의미가 있을 것이다.

에필로그를 읽고 있는 지금 하나만은 기억하자.

삶이 살 만한 가치가 있는가는 삶을 사는 사람들의 삶을 대하는 자세와 태도에 달려 있다는 것과 어차피 사는 거라면 괴롭고 불행하게 사는 것보다 즐겁고 행복하게 사는 것이 더 좋다는 것을….

끝으로 당신과 당신의 가족들에게도 행운이 깃들기를 기원한다.

세상 모든 이들이 삶의 고통과 괴로움으로부터
자유로워지는 그날을 위하여

행복전도사 천영식